传统门店数字化转型升级书系

美业超级顾问

康妮 著

中国原子能出版社　中国科学技术出版社
·北 京·

图书在版编目（CIP）数据

美业超级顾问/康妮著．－－北京：中国原子能出版社：中国科学技术出版社，2023.8（2024.1重印）
ISBN 978-7-5221-2803-0

Ⅰ．①美… Ⅱ．①康… Ⅲ．①美容—服务业 Ⅳ．① F719.9

中国国家版本馆 CIP 数据核字（2023）第 123057 号

策划编辑	何英娇
特约编辑	高雪静
责任编辑	付　凯
文字编辑	高雪静
封面设计	仙境设计
版式设计	蚂蚁设计
责任校对	张晓莉
责任印制	赵　明　李晓霖

出　　版	中国原子能出版社　中国科学技术出版社
发　　行	中国原子能出版社　中国科学技术出版社有限公司发行部
地　　址	北京市海淀区中关村南大街 16 号
邮　　编	100081
发行电话	010-62173865
传　　真	010-62173081
网　　址	http://www.cspbooks.com.cn

开　　本	710mm×1000mm　1/16
字　　数	239 千字
印　　张	19
版　　次	2023 年 8 月第 1 版
印　　次	2024 年 1 月第 2 次印刷
印　　刷	北京盛通印刷股份有限公司
书　　号	ISBN 978-7-5221-2803-0
定　　价	69.00 元

（凡购买本社图书，如有缺页、倒页、脱页者，本社发行部负责调换）

业内赞誉

扬州天姿已经营35年，在本地有一定的品牌影响力。我们与康妮咨询牵手已超过5年。在康妮老师及其团队的帮助与支持下，我们的业绩突飞猛进，同时我们公司的总部建设也逐渐完善，正在进行品牌升级与发展扩张。企业扩张最核心的关键因素就是团队复制，《美业超级顾问》是我们培养中高管人才的教材工具书，值得每一位美业的中高管人员学习借鉴。

——赵兵　扬州天姿美发美容管理有限公司董事长

在整个行业流量低迷的疫情3年中，我们馨米兰的店均业绩却增长了140%，流量增长了3.6倍，同时总部系统越来越坚实，无论是新员工训练、老员工突破，还是核心中高管人员的成长，每一天都能看到变化。这一切都得益于康妮咨询团队为我们企业的全面赋能，尤其是康妮老师在企业发展中对我们进行手把手指导。企业中高管人员的成长是企业稳定发展的重要保障，《美业超级顾问》中有不少内容都见证了康妮老师帮助我们企业的中高管人员成长的技巧。未来的3—5年，馨米兰将继续携手康妮咨询，立志在东莞市开500家连锁店！

——单丽霞　东莞市馨米兰美甲有限公司总经理

后疫情时代，各行各业都面临流量大幅度下降的困境。我们公司在康妮咨询团队的指导和助力下，仅半年时间就实现了新客同比增长61%，线上流量增长突破7.4倍，业绩同比增长15%。这一切喜人的成果都源于康妮咨询团队的助力，尤其是康妮老师的亲自指导。作为康妮咨询公司的战略伙伴，在我们双方的共同努力下，我们有信心让公司的年营业额在 3 年内突破 5000 万元，在 5 年内突破 1 亿元！《美业超级顾问》凝聚了康妮老师对美业顾问指导、培养的精华，我们公司的中高管人员人手一本，强烈推荐每一位美业企业的中高管人员都来阅读、学习！

——刘巧燕　茂名妆点一生品牌管理有限公司总经理

2019 年 7 月，杭州永琪与康妮咨询正式牵手。在爆品营销、大客户管理、新客户开发及新员工训练等方面，康妮老师及其团队对我们进行了深度指导与帮扶。2020 年至 2022 年的疫情期间，康妮老师带领她的团队帮助我们在黑暗中找到一丝光明。3 年间，虽然我们的门店数量有所减少，但整合后的 60 家门店的业绩不降反升，单店业绩增长 36%，市场份额整体增长 15%。《美业超级顾问》其实就是我们美业中高管人员的一本教材工具书，康妮老师将自己 20 多年积累的市场实践经验与门店运营理念结合起来，帮助美业中高管人员实现快速成长、复制。我们已经把这本书当作中高管人员培养训练的管理教材，相信未来我们将获得更快速、更稳定的发展。

——孔琼　杭州永琪美容美发连锁机构运营副总经理

同济同舟济世医药科技公司是依托于同济大学附属同济医院、同济大学中美干细胞研究中心，从事高净值人群的健康安全和保障，以及精准医疗和再生医学保健抗衰服务的服务平台。在康妮老师的专业指导下，我们对企业的经营方向做了精准定位，明确且聚焦于自身的稀缺价值。同时，康妮老师带领我们设计并落地执行了高效流畅的销售路径，构建了完善的运营模型，服务了业内一些知名大型连锁机构并取得了持续的优异成绩。在这个过程中，康妮咨询对企业中高管人员的技能提升和成长起到关键作用,《美业超级顾问》中涵盖了很多我们在落地过程中践行过的策略和经验，非常值得美业中高管系统学习！

——蓝坤衡　同济同舟济世医药科技公司总经理

东方丽人通过和康妮咨询的合作，摆脱了过去不规范的经营模式，逐渐迈入正轨。我们企业已经将《美业超级顾问》中提到的很多工具都运用到实际工作中，并且初见成效，例如年初规划布局、服务流程、"新、老客一咨"、"房间4件事"、顾客反预约等。这些工具的导入，使我们企业在疫情3年间的业绩不仅没有下滑，反而有明显提升。我们已经把《美业超级顾问》当作中高管人员的培训教材进行系统学习，赋能人才，助力企业发展。

——陈丽娟　蚌埠市东方丽人美容美体连锁中心创始人

前言

美业顾问是通过向顾客提供专业美容咨询，进行项目、产品和服务销售的专业人士，是店院与顾客之间的灵魂纽带。在美业店院经营的过程中，美业顾问的工作内容贯穿了为顾客服务的整个过程。一般由美业顾问接待顾客进店，详细了解顾客的需求、存在的问题并提供有效的解决方案，然后根据顾客的需求、问题推荐体验项目，安排美容师为顾客提供护理服务，最后根据顾客的反馈为其制订有针对性的疗程规划方案。在整个服务过程中，美业顾问的一言一行都会影响顾客的决策。所以，从某种程度上说，美业顾问能力的高低决定了店院顾客管理能力的大小以及业绩的高低。

在实际的工作中，不少美业顾问并不清楚如何更好地发挥自身价值，帮助店院做好顾客开发与业务拓展。究其原因，主要是美业顾问对自身角色的认知不清晰，而且没有掌握一名合格的美业顾问应当具备的能力和技术。

有些美业顾问认为自己就是一名普通销售，主要职责是将项目、产品和服务销售给顾客。基于对自身角色的这种认知，他们掌握的只是一名普通销售员所具备的能力和技能。但美业顾问并不是一名普通销售员，其价值不只是将项目、产品和服务销售给顾客，还要帮助顾客解决问题，为顾客提供精准服务和个性化服务，为店院进行口碑营销等。所以，美业顾问要想发挥自身价值，就要提升自己的认知并掌握一名超级顾问应当具备的能力和技术。这也是本书的主题所在。

本书分为7章，从底层认知着手，全面、系统地介绍了美业顾问应如何正确认知自己的角色，如何走上成功的顾客开发与拓展之道。

第 1 章从认知层面介绍了美业顾问必备的底层思维，包括角色定位、职业素养、心态、服务意识、工作流程、工作重点等，旨在帮助读者升级认知，对美业顾问这个身份有更准确、更深刻的认识。

第 2 章介绍了美业顾问必备的底层能力，包括胜任力模型、顾客需求分析、顾客需求聚焦和排序、判断顾客的消费实力和消费习惯、项目搭配与疗程规划、锁定顾客的抗拒点并有效应对、销售演练等，帮助美业顾问全面孵化能力。

第 3 章介绍了实现业绩倍增的 12 个技巧，帮助美业顾问实现技巧跃升，从而实现业绩倍增的目标。

第 4 章介绍了美业顾问拓客的新战场——"视频销售"，为美业顾问入局新战场提供了具体、详细的指导策略。

第 5 章介绍了从流量到成交的带货策略，帮助美业顾问快速入局直播带货，通过直播带货提升店院业绩。

第 6 章详细、具体地介绍了如何打造极致服务，拓展美业店院的服务边界，留住线下顾客。

第 7 章系统地介绍了如何打造私域流量并实现流量闭环，从而最大限度地转化流量，提升店院业绩。

本书旨在帮助美业顾问或者一些想从事美业顾问职业的读者重新认知美业顾问这个角色，并掌握成为一名超级顾问应具备的能力和技巧。

如果你想将自己打造为超级顾问但又不知道朝哪个方向努力，那么请打开这本书，相信你一定可以找到自己的答案。

目录

第1章 认知升级：美业顾问必备的底层思维

1. 角色定位：美业顾问是干什么的　002
2. 职业素养：如何成为更优秀的美业顾问　012
3. 美业顾问必备的五大心态　021
4. 美业顾问必备的服务意识　026
5. 美业顾问的一天工作流程　028
6. 美业顾问每日工作重点　035
7. 美业顾问每天必开的两会　040

第2章 能力孵化：美业顾问必修的底层能力

1. 美业顾问胜任力模型　050
2. 如何做好顾客分析　055
3. 九维分析法：从细节看穿顾客需求　060
4. 对顾客的需求进行聚焦和排序　066
5. 如何判断顾客的消费实力和消费习惯　068
6. 如何为顾客进行项目搭配与疗程规划　071
7. 如何锁定顾客的抗拒点并有效应对　075
8. 销售演练：从顾客分析到成交　080

第3章 技巧跃进：业绩倍增的12个技巧

1. 始终以目标与结果为导向　096

2. PDCA 循环工作法　　　　　　　　　　　　100

3. FABE 产品销售沟通模型　　　　　　　　106

4. AIDA 销售法　　　　　　　　　　　　　110

5. 新顾客一度咨询与诊断技巧　　　　　　114

6. 新顾客快速成交技巧　　　　　　　　　126

7. "不动产"顾客激活技巧　　　　　　　　132

8. 前后台配合成交技巧　　　　　　　　　137

9. 项目叠加成交技巧　　　　　　　　　　141

10. 讲故事成交技巧　　　　　　　　　　　143

11. 不同顾客类型的沟通与服务技巧　　　　145

12. 顾客转介绍技巧　　　　　　　　　　　153

第 4 章　视频营销：美业顾问拓客的新战场

1. 美业为什么要入局视频营销　　　　　　158

2. 基于用户画像进行精准账号定位　　　　162

3. "主平台 + 多平台"布局模式　　　　　168

4. 人格化账号 + 优质垂直内容　　　　　　171

5. 从注册到发布的运营策略　　　　　　　174

6. 适合美业拍摄的视频类型　　　　　　　181

7. 美业优质视频的 3 个维度　　　　　　　187

8. 如何拍摄拓客视频　　　　　　　　　　190

9. 让顾客参与视频拍摄　　　　　　　　　192

10. 如何实现流量转化　　　　　　　　　　194

第5章 直播带货：从流量到成交的带货策略

1. 适合美业销售的五大直播平台　　202
2. 适合美业直播的主题　　207
3. 美业直播如何选品　　210
4. 美业直播间人员设定　　213
5. 美业直播的常规流程　　215
6. 美业直播前的准备工作　　219
7. 美业直播现场的注意事项　　225
8. 美业直播营销脚本策划　　228
9. 美业直播预热的引流技巧　　231
10. 美业主播的互动模式和推荐话术　　234
11. 美业直播复盘与总结　　237
12. 直播后的服务与跟踪　　240

第6章 极致服务：线下体验决定门店的未来

1. 服务的本质：发现需求，满足需求　　244
2. 以舒适感为核心的极致技术　　246
3. 从需求立"异"，打造爆品服务　　248
4. 围绕实体门店构建顾客信赖系统　　251
5. 创造让顾客感到温暖的细节　　254
6. 沉浸式体验，全方位提升顾客峰值感受　　259
7. 体验性社交拓展美业门店的服务边界　　264

第7章 私域增长：从流量到交易的闭环

1. 到底什么是私域　　268

2. 企业微信：从公域到私域的第一步　　272

3. 顾客分群：私域顾客的标签管理　　276

4. 聚类模型：找出私域中的高价值顾客　　279

5. 预测分析：私域转化的数据指导策略　　283

6. 私域转化：价值为要，成交为次　　284

7. 社群裂变：针对不同层次需求设计裂变策略　　286

8. 流量闭环：公域＋商域＋私域　　288

第1章

认知升级：美业顾问必备的底层思维

所谓成长就是认知的不断升级。美业顾问要从普通顾问升级为超级顾问，就要先升级对角色的认知，明确一名超级美业顾问必须具备哪些底层思维。

❶ 角色定位：美业顾问是干什么的

明确的角色定位可以帮助美业顾问深入、全面地了解自己的岗位职责，有利于美业顾问更快速地进入工作流程、更高效地协同团队其他成员开展工作、更高质量地服务顾客。所以，一个合格的美业顾问应当拥有的最基本认知是对自身角色的认知，即能够准确定位自己的角色，清楚自己是干什么的。

顾问是一个职位，泛指在某件事情上的认知已达到专家程度，并且擅长解答疑问的人，他们可以提供顾问服务。美业顾问是指在美业方面有丰富的经验，可以从专业的角度解答顾客提出的相关问题，并为顾客提供满足需求的产品和服务的人。同时，美业顾问还要辅助店长完成相关工作，帮助店院提升业绩。

具体说，美业顾问在工作中主要担任以下六大职责，如图1-1所示。

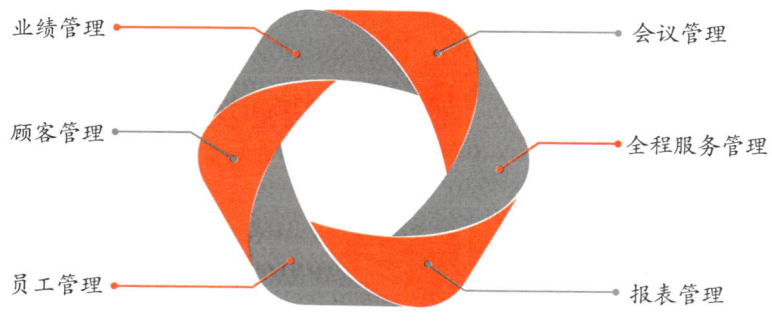

图1-1　美业顾问的六大职责

业绩管理

美业顾问这个职位的本质还是销售，是帮助店院实现业绩目标的核心人物。所以，业绩管理是美业顾问的核心职责。这里的业绩管理包括两个方面，一方面是美业顾问要做好分管小组的业绩管理，帮助小组员工完成业绩目标，另一方面是要协助店长做好店院整体的业绩管理工作。

具体来说，美业顾问在履行业绩管理职责时应做好以下几件事。

（1）目标设置

这里的目标设置是指美业顾问要根据自身的实际情况与店院的目标要求来设置小组需要达到的业绩目标。在设置目标时，建议设置不同时间维度的目标，如年度、月度、日目标，这样更利于促进目标达成。从全年的角度看，美业顾问需要为小组设置3—4个业绩里程碑，即业绩高点，然后通过一定的营销节奏带动业绩目标实现。从月度的角度看，业绩来源有八大构成，如表1-1所示，美业顾问应根据不同业绩来源的特点以及店院的实际情况来设置月度目标。当月度目标设置完成后，美业顾问应进一步细化目标，明确一周、72小时及24小时的目标。这样设置目标能够提升员工对实现目标的信心，更能让团队赢在起跑线上。

表1-1　月度目标设置表

××店××组		
月度业绩目标设置	人数	额度
促销主打业绩		
正常返单业绩		
新客成交业绩		
新客转卡业绩		
大客户大单业绩		

续表

××店××组		
月度业绩目标设置	人数	额度
欠款回收业绩		
合作业绩		
其他业绩		
合计		

（2）跟进每日业绩完成情况

为确保达到业绩目标，美业顾问应制订每日工作进度表，跟踪店院每日完成的业绩，具体内容如表1-2所示。

表1-2 每日工作进度表

员工每日工作进度表（日期：_____）						
序号	员工	今日目标	今日完成	完成率	原因分析	调整策略
1	张三					
2	李四					
3	王五					
4	……					

（3）滚动调整目标

美业顾问在实现业绩目标的过程中可能会因为团队表现好而超额达到业绩目标，也可能会因为一些主观或客观原因无法在规定时间内达到业绩目标。对于未能完成的业绩目标，美业顾问应将剩余目标滚动调整到接下来的某个时间段内完成，以保证最终能够按时实现业绩目标。从月度目标的跟踪推动来看，建议每3天对目标进行局部滚动调整，每7天召开周例会，对目标进行每周滚动调整。

（4）指导员工完成业绩目标

团队成员为顾客提供的服务工作可以分为服务前、服务中和服务后，这个过程中的任何一个环节都会影响业绩目标能否实现。为了实现业绩目标，美业顾问应当对员工进行全程指导。

在对顾客服务开始前，美业顾问可以带动员工一起对需要服务的顾客进行顾客分析与销售演练，让员工更清晰顾客的症状、需求，根据这些信息为顾客制订科学的护理计划；在对顾客服务进行中，美业顾问应积极配合员工适当地与顾客展开沟通或进行效果对比，让顾客进一步了解自己的症状，从而激发顾客想改变、想调整的决心和意愿；在顾客服务结束后，美业顾问应推动员工对顾客进行效果跟踪、反预约及客情关怀工作。

做好团队员工整个工作流程的指导工作，可以有效提升团队的工作效率，从而帮助团队达到业绩目标。

（5）提升员工完成业绩的信心

为了达到小组业绩目标，美业顾问可以在组内实施适当的奖惩机制，创造竞争氛围。奖惩机制建议以奖励为主，惩罚为辅，这样更能提升团队参与的意愿度。同时要注意的是，当小组员工因为碰到各种困难或障碍影响业绩进度，导致情绪低迷或者想要放弃时，美业顾问一定要通过各种调整策略来重新激发团队成员的信心，为完成最终的业绩目标继续努力。

顾客管理

美业顾问是直接与顾客接触且更容易获取顾客信息的人，而这些信息决定了店院后期能否为顾客提供满足其需求的产品与服务，提升店院业绩。所以，对顾客进行管理也是美业顾问的职责之一。

美业顾问在履行顾客管理职责时一般需要做好以下几项工作。

（1）管理顾客档案

对美业店院顾客的信息进行登记、录入、整理，便于后期对顾客进行分层管理，提供有针对性的服务。

（2）反预约

反预约是指顾问自己或指导团队在为顾客服务时进行的顾客到店预约邀请。反预约一方面能增加顾客的到店率，让顾客可以更明显地感受到项目的效果，另一方面能让顾客养成预约的习惯，从而使店院可以提前安排好相应的服务房间与服务员工，减少顾客到店没有人服务或需要等候等现象的发生。

（3）设计顾客的护理计划

美业顾问应根据不同顾客的不同症状与需求，制订有针对性的顾客护理计划和服务计划，帮助顾客解决问题，让顾客无论是在感受上还是在效果上都能满意。

（4）顾客的跟踪与服务

美业顾问应通过售后的跟踪与服务及时了解顾客的效果变化，了解顾客的意见和建议，从而不断地改善服务与技术，提升产品和服务的质量。

（5）顾客分析与客情维护

美业店长要对顾客的症状、兴趣爱好、消费习惯、消费喜好及消费水平等进行详细分析，针对不同的顾客提供不同的产品项目和服务方式，从而提升顾客的满意度。同时，还要对客户进行关怀，维护好与顾客之间的关系，与顾客建立紧密的情感联系，这是留住顾客的关键。

员工管理

合格的美业顾问应做好小组的员工管理工作，具体应做好以下几件事。

员工管理工作的主要内容

①**每日反预约的指导与检查**。事先制订出每日反预约目标，对员工进行反预约指导与结果检查。

②**顾客的护理记录和沟通记录的批阅与检查**。要求员工认真做好顾客的护理记录和沟通记录，并对这些记录进行及时的批阅与检查，以便更好地服务顾客。

③**顾客的服务及跟踪工作的指导与检查**。要求员工做好每一位顾客的服务及跟踪工作，并对这些工作进行指导与检查。

④**员工沟通**。定期与员工进行沟通，深入了解员工的想法和需求，并积极采纳员工的合理建议，帮助员工实现目标与理想，从而提升员工的积极性与内驱力。

⑤**员工成长训练及跟踪**。帮助员工制订个人成长计划，实时跟踪员工执行计划的进度，以便及时为员工提供情绪疏导、工作指导及能力训练等相关帮助。

⑥**业绩完成的指导与检查**。以业绩目标为导向，定期检查员工的业绩进度，对员工在完成业绩过程中出现的问题进行指导，帮助员工实现业绩目标。

会议管理

会议系统是推动店院团队执行计划的有力工具。会议系统主要包括晨会、日进度会、周会、半月度会及月度销售分析会议、月度激励大会等，有时因为需要还会有临时碰头会或顾客分析会。各类会议通常是由店长负责组织及召开，但当店长比较忙的时候，为了更高效地进行团队协作，部分会议也可以由美业顾问组织召开。

美业店院常见的会议类型

①晨会。晨会一般是指上午服务顾客前30分钟，召集全体员工参加的一个简短会议，主要目的是激发全体员工的工作激情以及布置当天的工作目标。

②日进度会。日进度会是为掌握每日工作进度而召开的会议，通常建议在下午不忙的空闲时段（17：00—18：00）召开，时间控制在45分钟以内，主要目的是了解当天的工作目标完成进度，以及如何进行接下来的工作目标滚动调整，从而推动当天的工作任务完成。

③周会。周会是指每周一次的定期会议，旨在总结上一周的工作情况，了解工作进度，针对不足之处进行调整并安排下一周的工作任务。

④小组会。定期或不定期召开小组会，主要针对小组内的员工成长、顾客分析、顾客投诉及业绩进度等情况展开，有针对性地解决某个时间段内小组遇到的相关问题。

⑤临时性会议。通常是指在特定会议之外的必要时候，由于发生紧急事件或有紧急问题需处理而召开的会议。

全程服务管理

全程服务管理，即对顾客从到店到离店的整个服务流程进行的管理，具体内容如图 1-2 所示。

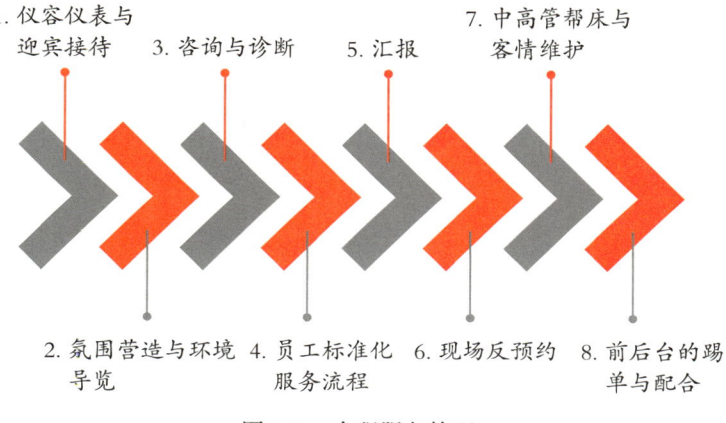

图 1-2　全程服务管理

其中第 1、2、4 项主要带给顾客体验感与效果；第 3、5、7、8 项是美业顾问了解顾客症状与需求，设计护理计划与解决方案的重要环节，同时也是促进业绩成交的重要环节；第 6 项主要是帮助顾客养成预约的习惯，提高顾客的到店频率，从而达到让顾客的护理效果更明显的目的。

报表管理

美业店院的运营需要一套完善的数据分析、跟踪与推动体系。对于美业顾问来说，必须掌握店院小组的运营报表填写、整理及分析情况，以便及时进行调整与制订解决方案。美业顾问月度常用的运营报表有小组月度目标设置表、小组员工工作进度表、小组品项分析表、小组促销活动分析表、小组顾客分析表及小组大客户分析表等。小组月度目标设置表和小组员工工作进度表,如表1-1(第3页)、表1-2(第4页)所示,小组品项分析表、月度小组促销活动分析表、小组顾客分析表及月度小组大客户分析表,如表1-3、表1-4、表1-5、表1-6所示。

表1-3 小组品项分析表

项目类别	部位	项目名称	疗程价	实收单价	销售普及人数	销售普及额度	销售额度占比
导客引流项目	面部						
	身体						
	小计						
客力提升项目	面部						
	身体						
	其他项目						
	小计						
高端项目(常规)	面部						
	身体						
	口服						
	小计						
顶级项目	合作项目						
	小计						
总合计							

表1-4　月度小组促销活动分析表

名称	促销内容	目标人数	目标金额	完成人数	完成金额	完成率
\	\	（　）月＿＿＿＿店促销分析表				
A组						
B组						
整店						

表1-5　小组顾客分析表

序号	顾客姓名	年龄	入会时间	会籍余额	卡项及余次	年度收入	性格特点	兴趣爱好	需求	年度护理计划	本次项目搭配	目标额度	铺垫成熟度	顾客抗拒点	解决方案	顾问或专家
1																
2																
3																
4																
5																
6																

表1-6　月度小组大客户分析表

顾客姓名	目标成交项目	成交金额	预计时间	跟踪人	需配合事宜	实际完成	完成率	原因及调整说明
\	\	\	（　）月大客户大单分析表					
小计								

美业超级顾问不一定是能力最强的人，但一定是对自己角色的定位最准确的人。因为只有找准自己在店院中的位置，知道自己是干什么的，才能朝着正确的方向前行，才能实现自我价值，获得成功。

职业素养：如何成为更优秀的美业顾问

成为更优秀的美业顾问的前提是将自己打造成职业人。职业人是懂得自我经营，能够设计、规划自己的职业生涯，在满足自我精神需求和物质需求的同时，实现自我价值最大化的人。那么，美业顾问如何才能成为职业人呢？

美业顾问要想成为职业人需要具备以下 8 项职业素养，如图 1-3 所示。

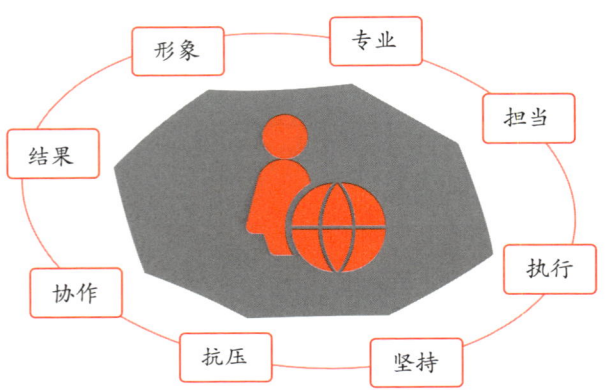

图 1-3　美业顾问的职业素养

形象

形象是基本的职业素养。美业顾问的形象包括两个方面,如图1-4所示。

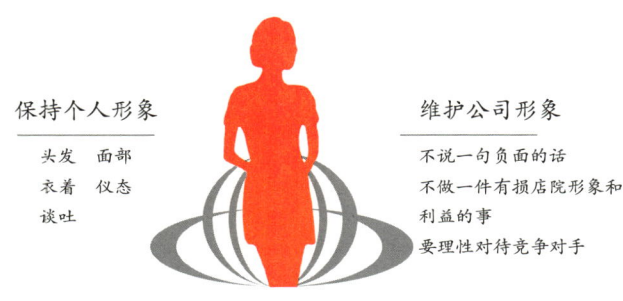

图1-4 美业顾问的形象

(1)保持个人形象

美业顾问的个人形象不仅能体现自身的专业素养,还是店院形象的体现。所以,无论从个人角度还是店院的角度来说,美业顾问都应当保持良好的个人形象。

保持个人形象的5个方面

①头发。勤洗头、理发;不宜留披肩长发,建议盘发;短发发型应清爽干练,颜色不宜夸张,建议黑色或深褐色。

②面部。化淡妆,妆容干净,做到"妆成若无妆"。

③衣着。根据店院要求穿工作服,工作服应干净、整洁。

④仪态。美业顾问在对顾客服务的过程中要保持大方得体的仪态。站姿、坐姿、走姿都要经过标准化训练。

⑤谈吐。美业顾问要做到谈吐适宜。与顾客交谈时要面带微

> 笑，聆听时要注意回应与眼神的交流。其他时候眼神要放在对方唇心到双眼之间的三角区域，这样能让对方感到更舒适自在。跟顾客交谈时切忌东张西望，漫不经心。

不同的店院对美业顾问的形象要求可能不同，因此美业顾问应熟知并严格遵守店院对顾问的形象要求与规范，并在工作中时刻保持专业形象。一般美业店院的更衣室都配有仪容镜，美业顾问上岗前应先对照镜子检查自己的表情、容貌、着装，确认没有问题后再进入工作岗位。

（2）维护公司形象

美业顾问的一言一行都代表着公司形象，因此美业顾问不仅要注意保持专业的个人形象，还应在工作中时刻维护公司形象。

为了维护公司形象，美业顾问在工作中应做到两"不"，一"要"。

两"不"：不说一句负面的话。 任何人在工作或生活中都有可能会碰到一些不如意或困难，美业顾问亦然。美业顾问尤其要注意，无论是在顾客服务的过程中还是在沟通过程中，都切忌出现对公司或同事的抱怨、指责、谩骂或诋毁等负面话语。因为每位顾客都希望与有涵养、有礼貌的顾问进行交流。一旦顾问说了负面话语，那么很可能会酿成双输的局面。一方面顾客会认为顾问的职业素养低，享受着店院平台所带来的权益的同时还表达着店院的不好；另一方面顾客会认为店院用人水平低，这种职业素养低的人都能做顾问。最终有可能导致顾客对店院的看法不好而出现客户流失的现象。**不做一件有损店院形象和利益的事。** 店院是美业顾问发展的平台和保障，损害店院的利益等于损害自身的利益，所以无论任何时候，美业顾问都不能做有损店院形象和利益的事情。例如，不能辱骂顾客、不能私下销售产品和服务等。

一"要"：要理性对待竞争对手。恶意竞争、诋毁竞争对手，这些都有损店院形象，所以美业顾问应理性对待竞争对手。理性对待竞争对手应做到三"不"：不要模仿竞争对手，不要诽谤竞争对手，不要攻击竞争对手。除了要做到三"不"，还应以积极的态度对待竞争对手，向竞争对手学习。

专业

职业素养离不开职业所需的专业能力，专业能力是职业素养的核心。美业顾问的专业能力主要体现在以下3个方面。

（1）专业理论扎实，岗位工具熟练

美业顾问应具备扎实的专业理论知识，并且能熟练掌握相关岗位工具的使用。例如，通过咨询与使用诊断的工具，分析顾客的症状，根据顾客的需求与顾客达成护理计划或服务计划的共识等。

（2）全心全意投入工作

美业顾问应当理解工作本身的意义，并全心全意投入工作中。只有这样才能为顾客提供更加满意的产品和服务，才能为店院创造价值。

（3）工作规范化、操作标准化

美业顾问的工作水平、专业能力的基本体现是能够做到工作规范化、操作标准化。美业顾问应严格要求自己，规范自己的工作行为，从而提高工作效率和质量。

担当

勇于担当是美业顾问应当具备的职业素养，也是美业顾问的基本品质。美业顾问的担当主要体现在以下 3 个方面。

（1）主动出击，抓住机会

工作中经常会出现一些机会，能否抓住机会，是对能力的挑战。美业顾问要学会在机会面前主动出击，抓住机会，而不是瞻前顾后，不敢尝试。

（2）不依赖上司，不推脱责任

当与店长或经理等上司在一起工作的时候，一些美业顾问在发现问题时总是依赖上司，推卸自己应该承担或应该做的工作。优秀的美业顾问应当勇于担起自己的责任，积极处理问题，从不推脱责任。

（3）不逃避冲突，做事有原则

员工与员工之间，经常会因为一些意见不统一而发生冲突，美业顾问不能因为不想得罪人而做老好人。同时，无论是在对刺头员工的管理上，还是在对跟自己关系好的员工的管理上，美业顾问都要掌握一定的原则与技巧。

执行

原知名企业惠普公司的董事会主席马克·赫德 (Mark Hurd) 在接受一家媒体的采访时，被问到选择人才的标准，他说："非常重要的是他要有非常强的执行能力，就是要将事情做成，而不是做得差不多。"优秀的美业顾问一定是具备超强执行能力的人，能够在规定时间内出色地完成工作任务。

美业顾问的执行力主要体现在以下 4 个方面。

（1）心态到位

优秀的美业顾问在执行工作任务的过程中要保持不达目的不罢休的心态，不给自己找任何理由与借口，这是执行力强的基本体现。

（2）方法到位

方法到位是指用正确、科学的方法去做事。正确、科学的方法能提高我们的工作效率。例如，做好时间管理，合理分配时间，使时间价值最大化。

（3）行动到位

优秀的美业顾问会将工作任务具体化、量化，并制订明确的工作目标和实施步骤，这样能够有效地提升执行能力。

（4）结果到位

美业顾问的执行力如何最终还要用看得到的、实质性的结果来衡量，例如业绩目标完成率、新客成交率、晋升人数、员工保有率等。

坚持

简单的事重复做，你就是专家；重复的事用心做，你就是赢家。做好一件事、一项工作很容易，难的是每一天、每个月都把要做的事情做好。有时候坚持比努力更重要，因为只有坚持下去，才能看到努力得来的结果。大多数人的成长都不是一蹴而就的，而是在追求日常工作的完美中逐渐成熟、进步的。美业顾问要想获得成功，也应当具备持之以恒的决心。

坚持这种心态并不是一朝一夕就可以形成的,重要的是要挖掘出自己干这件事的动机。当美业顾问找到动机,制定出清晰明确的目标时,就有可能找到自己的内驱力,这是美业顾问能做到坚持的基础。

抗压

工作中难免会遇到各种各样的压力,尤其是服务行业,更容易产生压力。所以,抗压能力是美业顾问必须具备的职业素养之一。

在工作中,美业顾问应善于发现自己的压力来源,了解压力程度,并找到合适的方法缓解压力。

常见且比较有效的解压方法是"七秒冷静法"。

"七秒冷静法"的实施步骤

第一步,微笑。

第二步,松开一点牙齿。

第三步,放松下巴。

这种方法一般用于面对紧急情况的时候,如与顾客因某个问题产生争执,出现巨大压力的时候,就可以使用七秒冷静法。此外,工作中也会累积一些压力,美业顾问可以根据自己的需求和喜好,选择合适的解压方式,如看电影、看书、听音乐,或者约朋友享受一顿美食。任何可以让自己忘掉烦恼、开心起来的事情都有助于解压。

协作

美业顾问不是独立的存在，在职场中除了要做好本职工作，还要配合店长、团队成员等做好相应的工作。所以，协作能力也是美业顾问应当具备的职业素养。美业顾问的协作能力主要体现在以下3个方面。

（1）积极沟通

为了快速、全面地传达信息，促进团队工作更高效地进行，美业顾问应积极与店长、员工展开沟通，包括向上反馈工作情况、存在的问题，向下传达工作任务、分享信息等。

（2）尊重团队成员的意见

大多数美业店院的管理风格更偏向于指令型，是指美业顾问对团队直接下达工作指令，告知员工做什么、如何做、何时做，以及如何去完成工作任务。这样不利于激发团队的自驱力，而且由于一些团队成员的不理解或不认同，还容易产生抗拒或对抗的想法与行为。不同的人对事情的看法不同，有时候员工可能会提出不同的意见和观点。这个时候如果美业顾问强烈反对员工的观点和意见，很容易打击员工的自信心，降低员工的协作意愿。所以，美业顾问应尊重团队成员的不同意见，且要呼吁团队成员尊重彼此的意见和想法。在这样平等和谐的团队氛围中，员工才愿意相互协作，共同成长，实现统一目标。

（3）主动奉献

美业顾问要主动奉献，积极参与到团队工作中，帮助员工解决问题，成为团队成员的榜样，这样能够有效激励团队员工互相协作，完成工作任务。

此外，美业顾问还可以通过管理的4R原则来提升团队协作能力。

管理的 4R 原则

找对的人（Right People）："人对了，世界就对了。"找到适合的人，工作效率会得到极大的提升，工作任务的完成就有了保障。

放在对的位置（Right Position）：安排员工做擅长且适合的工作。

用对的方法（Right Ways）：用正确的方法来做事，拿到的结果会更有保障。

去做对的事（Right Things）：方向对了，事半功倍。方向错了，再努力也没有用。

结果

拥有良好职业素养的美业顾问不仅会关注工作过程，更会关注工作结果，要以结果为导向地执行工作任务。

结果为导向的 5 个要点

①**良好的心态**。永远不变的是目标，永远改变的是方法。良好的心态是达到理想结果的关键因素。当美业顾问能给自己一个心锚设定的时候，就迈出了以结果为导向的第一步。

②**清晰的目标**。以结果为导向首先要根据自身的能力以及店院的业绩要求来制定清晰明确的目标。

③**高效的方法**。高效的工作方法能够提升工作效率，利于达成预期的工作结果。

④**立即行动**。大多数没有结果的工作均源于"没有做"或"没有坚持做"。拖延是造成"没有做"的核心因素,立即行动则是结果导向的有效保障。

⑤**及时调整**。定期进行检查与跟踪,时刻反省自己,有利于及时发现工作中存在的问题并改进问题,从而达到理想的工作结果。

职业素养是美业顾问对职业的认知和态度,决定了美业顾问在职业道路上能走多远,能否获得成功。所以,具备良好的职业素养是成为优秀的美业顾问的基本要求,也是必备能力。

❸ 美业顾问必备的五大心态

保持一个良好的心态是美业顾问在工作中取得持续成功的关键。作为美业顾问,通常必须具备以下五大心态,如图 1-5 所示。

图 1-5 美业顾问必备的五大心态

想要的意愿

想要的意愿指工作意愿，是工作的强大动力。想要的意愿越强烈，美业顾问就越能克服困难，对抗压力，不断反思自己，坚持完成好每一项工作任务。所以，美业顾问首先必备的心态是想要的意愿。

如何强化想要的意愿

①**从主观意识上强化对工作的认同感**。美业顾问不能仅仅将自己当作一名普通的销售人员，而要将自己当成店院与顾客之间的桥梁，明确自己对店院的价值，强化自己对工作的认同感。

②**保持工作激情**。美业顾问在走出家门走向店院的时候就要为自己加油打气，以愉悦的心情投入工作中，对职业生涯充满希望，让自己保持工作激情。

③**善于发现工作中的乐趣**。乐趣越多，成就越多，对工作的意愿也越强。例如，遇到了很有趣的顾客。

④**积极给予正向反馈**。美业顾问在工作中要积极给予自己正向反馈，这种反馈利于增强美业顾问的自信心和动力，进而可以强化自身的工作意愿。例如，当月完成业绩目标后可以进行自我激励，奖励自己一顿丰盛的美食。

总结来说，想要的意愿就是认同自己的工作，明确自己的价值，从而全心全意地投入工作中，在帮助店院创造价值的同时实现自我价值。

强烈的责任心

"在其位谋其职,任其职尽其责。"责任心是美业顾问做好各项工作的前提。

> **如何保持强烈的责任心**
>
> ① **认真对待工作**。美业顾问应心系顾客,认真对待每一项工作任务,不回避自己在工作中出现的错误,且能勇于承认自己的错误并积极改正。
>
> ② **有职业精神和职业操守**。对工作有敬畏心,有自己的职业精神和职业操守,会严格遵守行业和店院的工作规范、准则,不会拿自己的职业当儿戏。
>
> ③ **信守承诺**。无论是对顾客、上级还是对下属,都要信守承诺。如果因为某些原因无法兑现承诺,也要告知对方原因并积极寻找补救措施。

责任感其实就是一种主人翁精神,作为美业顾问,应当以主人翁的心态尽职尽责地做好每一项工作任务。只有尽职尽责,方能尽善尽美。

学习的心态

未来的竞争主要是学习力的竞争。世界知名品牌的创始人亨利·福特(Henry Ford)曾说:"任何停止学习的人都已经进入老年,无论他在20岁还是80岁;坚持学习的人则永葆青春。"知名投资人查理·芒格(Charlie Thomas Munger)也曾说:"我这辈子遇到的聪明人,没有不每天阅读的，一个都没有。"从这两位成功人士的言语中不难看出学习的重要性。生活在信息、知识更迭速度加快的时代，不想被淘汰，想获得成功，美业顾问就要保持一颗热爱学习并不断学习的心，实现终身学习。终身学习不仅是我们适应时代变革的内在动力，更是保持竞争力的核心行动力，这样才能在这个瞬息万变的时代走得更稳、更远。

如何保持学习的心态

① **向身边的人学习**。身边的人包括上级、同事、顾客等，从这些人身上可以获取自己不了解的信息、知识，同时还可以通过交流、学习等方式拉近彼此之间的关系。

② **通过平台学习专业知识、技能**。这里的平台包括店院提供的培训、线上线下的学习平台等。通过培训或线上线下的学习平台来学习专业知识、技能，不断提升自身的实力和竞争力。

美业顾问不仅要学习本专业的知识、技能，也要学习其他相关专业的知识和技能，如演讲、沟通、经济、法律等方面的知识和信息。学习的知识越多，转化运用得越好，越利于美业顾问提升自己的综合能力，将自己打造成一个全能型人才。

感恩的心态

心怀感恩，可以让美业顾问在美业道路上走得更远。

如何保持感恩的心态

①**对公司提供机会的感恩**。从某个角度说，美业顾问的成长

发展离不开公司这个平台提供的各种资源和各种机会。所以，美业顾问首先应当对公司提供的机会表示感恩，并珍惜这个帮助自己成长和发展的平台，致力于为公司创造更多的价值。

②对领导培养的感恩。感恩上级对自己的培养，能让美业顾问保持积极的工作心态，激励自己不断努力工作，用业绩回报领导。

③对顾客信赖、支持的感恩。心怀对顾客的感恩，能让美业顾问更加真诚地对待顾客，用行动帮助顾客解决问题，用价值回馈顾客。

总结来说，心怀感恩之人更容易被领导器重、被顾客信赖，这也是美业顾问能够在行业站稳脚的关键因素。

包容的心态

拥有一份包容的心态可以帮助美业顾问在工作中避免一些矛盾和冲突，利于美业顾问和谐地处理好人际关系，更高效地完成工作任务。

如何保持包容的心态

①用包容的心态与同事相处。在工作中，美业顾问与同事之间难免会因为意见、想法的不同而产生矛盾、冲突，这个时候要学会接纳，包容他人的不同，对他人的想法、意见表示理解。如果希望大家都按照自己的想法去做，那么可以通过沟通或会议来讨论协商决定。这样可以减少冲突，保持和谐的同事关系。

②**用包容的心态与顾客相处。**美业顾问在工作中会遇到各种各样的顾客，难免有一些顾客会对我们的工作提出质疑，表示不理解，甚至部分顾客提出的要求会非常严苛。在面对顾客的质疑、不理解或严苛要求时，我们应该有包容的心态。我们要知道，每个顾客的需求都不一样，顾客的质疑、不理解或严苛的要求一定有原因，我们要做的就是找出原因，解决问题，得到顾客的理解和支持。

包容的心态，其实就是要学会理解他人，用积极的态度去面对他人的不同意见和想法。

一个良好的心态是做好任何工作的前提。所以美业顾问在工作中要时刻保持良好的心态，要用心对待身边的每个人，认真对待每一项工作任务。

❹ 美业顾问必备的服务意识

服务意识是指服务人员要为顾客提供一种热情、周到、主动的服务欲望和意识。它是发自服务人员内心的，是服务人员主动做好服务工作的一种观念和习惯。良好的服务意识利于获得顾客的信赖，提升店院的口碑和形象。那么，美业顾问应必备哪些服务意识呢？

超前的服务意识

超前的服务意识是指在顾客什么都没有表达的情况下，美业顾问就知道顾客的需求是什么，并已经准备好了满足顾客需求的产品和服务。这种服务意识看似不可能完成，但实际上只要美业顾问细心观察并用心去做，完全可以实现。

> 张女士在某家美容院体验完项目后办了一张会员卡，主要做面部的深层清洁、补水保湿。当张女士第二次去做项目时，发现她使用的产品、毛巾、拖鞋等物品上都刻着自己的名字，她感到十分欣慰。张女士说自己是一个很爱干净的人，在美容院做项目时比较担心的就是卫生问题。美容院在自己的产品和使用的其他物品上都刻上名字，不仅打消了她对卫生问题的顾虑，还让她感到温暖和贴心，认为自己选对了地方。

在产品和顾客使用的物品上刻上名字并不难，但对顾客来说，这种做法满足了她没有说出口的需求，对她来说是一种感动，能够大大提升她对店院的忠诚度。所以，美业顾问应多留心一些细节问题，深入挖掘顾客的潜在需求，从而提升自己的超前服务意识，在顾客开口之前就满足顾客的需求。

超值的服务意识

超值的服务意识是指为顾客提供的服务除了能满足顾客的基本需求外，还有部分超出了正常需求以外的服务，从而使服务结果超出了顾客正常预期的水平。简单来说，就是要给顾客提供物超所值的服务，这种服务更能打动顾客，有利于维护长期、稳定的客情关系。

怎样才能让顾客感觉到物超所值呢？除了美业店院的环境、专业的服务外，比较关键的因素是附加服务。

> 刘女士在美容院做面部项目，项目结束后美业顾问真诚地说："您的皮肤状态其实很不错，平时在家里可以自己做一些基础的保湿，如两天敷一次补水面膜，一周做一次皮肤清洁，然后注意休息和饮食。饮食方面应当以清淡为主，少吃辛辣食物，因为辛辣容易刺激皮肤，脸上的痘容易复发。"
>
> 刘女士听完后开心地说："好的，非常感谢张老师的专业指导。"

美业顾问在专业的服务之外，还为刘女士提供了日常的护肤建议。虽然只是一个简单的建议，但对刘女士来说这就是附加服务，能让她感受到物超所值。所以，美业顾问在为顾客提供主要的服务之外，还应为顾客提供附加服务，如免费水果、赠送礼品，或传授化妆、护肤等专业知识，不断培养自己的超值服务意识。

概括来说，美业顾问必备的服务意识是从顾客的角度出发，致力为顾客打造"五星"级服务，尽可能满足顾客的需求，为顾客提供超乎其预料的服务。

❺ 美业顾问的一天工作流程

美容行业是服务行业，通常会安排早班和晚班两个班次，下面将从早班和晚班两个班次分别介绍美业顾问一天的工作流程。

美业顾问的一天（早班）

美业顾问早班的工作流程和内容如表 1-7 所示。

表 1-7　美业顾问的一天（早班）

时间	工作要点	具体工作内容	说明
9:00 — 9:30	营业前准备	①清洁卫生工作 ②摆放好与前台工作相关的工具及资料 ③播放音乐（激励音乐） ④打开相关的照明、排气、空调及水电等 ⑤泡花茶、点香薰灯 ⑥检查咨询室的仪器、物品	检查后勤人员的工作
9:30 — 10:00	营业前检查	检查全店环境： ①店内排气 ②床上用品、物品 ③小推车上的物品 ④梳妆台上的物品 ⑤卫生间、淋浴房 ⑥衣柜 ⑦地板 ⑧顾客的消毒杯 ⑨检测仪器 ⑩准备营养餐	检查后勤人员的工作
10:00 — 10:50	检查及沟通	①检查美容师的预约情况，房间安排情况及通知相关美容师 ②安排顾问与美容师做当日反预约、顾客分析销售演练、目标定向等工作 ③协助与指导团队做顾客沟通与销售分析 ④安排员工进行主打项目话术训练、全程服务训练 ⑤检查顾问或员工的顾客跟进与服务	

续表

时间	工作要点	具体工作内容	说明
10:50—11:10	中高管碰头会议	①美业顾问汇报今日客流量、业绩、业绩来源目标，由店长论证与指导调整顾问的今日目标，并激励全员的信心 ②今日重点工作安排与分工	
11:10—11:40	主持或参与早会	①集合音乐或舞蹈 ②开场问好 ③晨会内容宣布 ④激情带动 ⑤仪容仪表检查 ⑥全店月度目标以及进度汇报 ⑦成功案例分享 ⑧今日客流量，业绩目标定向（员工个人月度业绩目标进度、今日业绩目标、客流量目标，顾问以组为单位汇报，店长以店为单位汇报） ⑨顾客投诉处理与沟通情况 ⑩店内其他事情的安排与要求 ⑪工作魔咒或者开心一刻 ⑫会议结束后分组进行反预约/顾客分析/话术演练的训练	
11:40—12:00	反预约、回访及销售指导	①督促顾问、美容师及前台做好"动产"顾客的反预约及回访工作 ②部分重要顾客要做好反预约及回访工作 ③指导顾问/员工进行目标顾客的分析演练以及交代注意事项 ④处理行政类工作 ⑤打电话祝福顾客生日快乐并邀约顾客来做护理 ⑥顾客咨询接待	
12:00—12:30		午餐	
12:30—14:45	顾客接待及协助沟通与销售	①接待顾客及安排房间 ②协助沟通与销售，跟进顾问内场销售进度 ③解决突发事件，进行顾客的投诉处理 ④推动及监控前台及其他员工的工作	

第 1 章 ／ 031
认知升级：美业顾问必备的底层思维

续表

时间	工作要点	具体工作内容	说明
14:45—15:00	再次巡房	①房间的收拾：排气、床上用品、物品、小推车上的物品、梳妆台上的物品、卫生间、洗手台、淋浴房、衣柜、地板、顾客的消毒杯以及检查仪器和准备营养餐 ②护理的氛围：蜡烛、香薰灯、照明灯、空调、窗帘、员工休闲区、准备房间、公共区（沐浴房／更衣室／化妆间）的卫生	此项可安排后勤人员或指定人员进行；店长抽查
15:00—16:00	反预约及回访	①检查顾问和美容师的反预约、目标设置滚动调整和分析演练、顾客回访及服务满意度的工作 ②督促美容师及顾问做好"动产"顾客和"不动产"顾客的反预约、回访及短信发放工作；美业顾问重点做好重要顾客的反预约及回访工作 ③行政工作处理 ④安排顾问员工做顾客分析及销售演练	
16:00—16:45	工作进度检查及顾客协助沟通与销售情况	①推动及监控前台、后勤人员的工作 ②员工成长训练巡查及技术考核 ③安排员工进行全程服务训练 ④协助沟通与销售 ⑤解决突发事件，处理顾客投诉	
16:45—17:00	中高管进度碰头会	①当日客流量、业绩成交进度 ②晚上目标顾客定向与分析演练 ③今日顾客服务、员工状态情况汇报与调整沟通 ④晨会重点工作安排的执行情况	
17:00—17:30	日进度会	①问好 ②今日晨会工作检视：员工汇报今日目标实现情况，顾问汇报整组情况，店长汇报整店情况 ③PK 分享 ④晚上的工作安排 ⑤疑难解答 ⑥激励	
17:30—17:45	再次巡房	同上	

续表

时间	工作要点	具体工作内容	说明
17:45—18:00		晚餐	
18:00—19:00	顾客接待安排和工作总结、交接	①接待顾客安排房间 ②安排顾问进行晚上顾客的分析销售演练 ③与晚班做好现金交接，确认当天营业款项，对照账单现金确认无误后签字 ④安排好晚班的巡查人员/值周人员，交代好晚班需要注意的事宜 ⑤做好每天目标滚动计划并通知各小组做好调整计划 ⑥填写日工作总结与计划 ⑦安排好前台完成当日报表 ⑧向上级反馈当天工作的重要事宜并安排业绩汇报人员汇报当天业绩	

美业顾问的一天（晚班）

美业顾问晚班的工作流程和内容如表1-8所示。

表1-8 美业顾问的一天（晚班）

时间	工作要点	具体工作内容	说明
10:50—11:10	中高管碰头会	①顾问汇报今日客流量、业绩、业绩来源；店长论证与指导顾问，增强顾问的信心 ②今日重点工作安排与分工	
11:10—11:40	主持或参与早会	①集合音乐或舞蹈 ②开场问好 ③晨会内容宣布 ④激情带动 ⑤仪容仪表检查 ⑥全店月度目标以及进度汇报 ⑦成功案例分享	

续表

时间	工作要点	具体工作内容	说明
11:10 — 11:40	主持或参与早会	⑧今日客流量，业绩目标定向（员工个人月度业绩目标进度、今日业绩目标、客流量目标，顾问以组为单位汇报，店长以店为单位汇报） ⑨顾客投诉处理与沟通情况 ⑩店内其他事情的安排与要求 ⑪工作魔咒或者开心一刻 ⑫会议结束后分组进行反预约/顾客分析/话术演练的训练	
11:40 — 12:10	反预约、回访及销售指导	①督促顾问、美容师及前台做好"动产"顾客的反预约及回访工作 ②美业顾问做好部分重要顾客的反预约及回访工作 ③指导员工进行目标顾客的分析演练，交代注意事项 ④处理行政类工作 ⑤打电话祝福顾客生日快乐并邀约顾客来做护理 ⑥顾客咨询接待	
12:10 — 12:40		午餐	
12:40 — 14:45	顾客接待及协助沟通与销售	①接待顾客及安排房间 ②协助沟通与销售，跟进顾问内场销售进度 ③解决突发事件，进行顾客的投诉处理 ④推动及监控前台及其他员工的工作	
14:45 — 15:00	巡房	①房间的收拾：排气、床上用品、物品、小推车上的物品、梳妆台上的物品、卫生间、洗手台、淋浴房、衣柜、地板、顾客的消毒杯以及检查仪器、准备营养餐 ②护理的氛围：蜡烛、香薰灯、照明灯、空调、窗帘、员工休闲区、准备房间、公共区（沐浴房/更衣室/化妆间）的卫生	此项可安排后勤人员或指定人员进行；店长抽查

续表

时间	工作要点	具体工作内容	说明
15:00 — 16:00	反预约及回访	①检查顾问和美容师的反预约、目标设置滚动调整和分析演练、顾客回访及服务满意度的工作 ②督促美容师及顾问做好"动产"顾客和"不动产"顾客的反预约、回访及短信发放工作；美业顾问做好重要顾客的反预约和回访工作 ③行政工作处理 ④安排顾问员工做顾客分析及销售演练	
16:00 — 16:45	工作进度检查及顾客协助沟通与销售	①推动及监控前台、后勤人员的工作 ②员工成长训练巡查及技术考核 ③安排员工进行全程服务训练 ④协助沟通与销售 ⑤解决突发事件，处理顾客的投诉	
16:45 — 17:00	中高管进度碰头会	①当日客流量、业绩成交进度 ②晚上目标顾客的定向与分析演练 ③今日顾客服务、员工情况汇报与调整沟通 ④晨会重点工作安排、执行情况	
17:00 — 17:30	日进度会议	①问好 ②今日晨会工作检视：员工汇报今日目标、实现情况，顾问汇报整组情况，店长汇报整店情况 ③PK 分享 ④晚上工作安排 ⑤疑难解答 ⑥激励	
17:30 — 17:45	再次巡房	同上	
17:45 — 18:00		晚餐	

续表

时间	工作要点	具体工作内容	说明
18:00—21:30	顾客接待、协助沟通、销售与明日顾客安排	①接待顾客及安排房间 ②协助沟通与销售，跟进顾问内场销售进度 ③解决突发事件，进行顾客的投诉处理 ④推动及监控前台及其他员工的工作 ⑤员工成长训练巡查及技术考核 ⑥安排员工做明日预约顾客的顾客分析及销售演练	
21:30—22:00	工作小结	①确认当天营业款项，对照账单现金确认无误后签字 ②做好当天目标滚动计划并通知各小组做好调整 ③检查前台及顾问的报表完成情况 ④向上级反馈当天工作的重要事宜及汇报当天业绩 ⑤填写日报表 ⑥做好下班前的准备：卫生、照明、水电安全、消防安全、房间整理、用品器具消毒等	

美业顾问的工作流程和工作内容框架基本是固定的，只是每天接待的顾客不一样，因此团队训练的内容也会有所变化，美业顾客可根据实际情况来具体安排。

❻ 美业顾问每日工作重点

美业顾问的工作事项较为烦琐，如果不能提前做好规划，明确当日的工作重点，很容易陷入一些琐碎的小事中而耽误重要的事情。通常来说，美业顾问的每日重点工作主要有以下几件。

每日/月度目标定向及指导

每日/月度目标定向及指导是指根据店院的要求，帮助团队员工制订每日/月度目标，通常通过两个表来实现管理，即《月度目标设置与滚动表》和《每日目标定向表》。

（1）制订《月度目标设置与滚动表》

根据小组年度规划总目标及营销方案，美业顾问要帮助团队员工设置个人绩效目标，并且要根据完成进度定期进行滚动调整，推动目标的有效完成。美业顾问可以通过《月度目标设置与滚动表》做好把控，如表1-9所示。

表1-9 月度目标设置与滚动表

项目	去年同期完成	上月完成	本月目标	本月实际完成	完成率	构成占比	环比增长率	同比增长率	年度累计完成	年度完成率
常规现金业绩										
合作现金业绩										
总现金业绩										
产品消耗业绩										
常规项目消耗业绩										

续表

项目	去年同期完成	上月完成	本月目标	本月实际完成	完成率	构成占比	环比增长率	同比增长率	年度累计完成	年度完成率
合作消耗业绩										
总实耗业绩										

（2）根据月度目标制订《每日目标定向表》

《每日目标定向表》如表1-10所示，主要定向每日现金业绩目标、新顾客接待与转化人数目标、家居产品销售目标及每日服务的顾客人数和应该消费的品项目标，同时帮助与支持团队员工制订实现这些目标的行动方案。

表1-10 每日目标定向表

日期	顾客姓名	余额	需求	本次服务主题销售项	本次目标现金项目	本次目标卡扣项目	消耗项目搭配	需要支持	需配合美容师	实际完成情况
3月5日	李××	1796元	手足皮肤粗糙，面部毛孔大	手足护理30次	8040元		美甲+手足护理体验	店长配合成交		

顾客咨询与接待

顾客咨询与接待是美业顾问工作的重中之重，接待工作质量的高低决定了顾客的留存率与复购率。顾客咨询与接待工作的重点内容是新老顾客的一度咨询与诊断，即通过咨询与诊断，判断顾客的需求并为之提供满意的产品和服务。

帮床与踢单

帮床是指美业顾问进到顾客做护理的房间，协助美容师进行顾客的沟通工作及部分项目的手法强化。踢单是指美业顾问与美容师配合，促进项目成交。这两项工作也是美业顾问每日必须认真做好的工作，影响着店院每日以及整体的业绩。

帮床与踢单要求美业顾问掌握销售技巧和与前后台配合的技巧，销售技巧会在第 2 章的"销售演练：从顾客分析到成交"部分展开详细介绍，前后台配合技巧会在第 3 章的"前后台配合成交技巧"部分展开详细介绍。

召开晨会 / 进度会

美业顾问每天都要协助店长召开晨会和进度会，会议效果会影响员工工作的进度和质量，从而影响店院业绩的高低。所以，美业顾问应掌握高效的会议技巧。具体如何召开晨会和进度会，会在本章的第 7 节中展开详细介绍。

反预约及顾客跟踪与服务

我们在本章第 1 节"角色定位：美业顾问是干什么的"内容中介绍过，美业顾问应做好顾客管理的反预约和顾客的跟踪与服务。无论是反预约还是顾客跟踪与服务，其本质都是为了拉近与顾客之间的关系，提升顾客到店率。所以美业顾问每天都应做好这两件事，为店院每日的业绩提供保障。

员工沟通与指导

美业顾问每日要明确当日小组的目标和小组员工个人的目标，并与员工积极沟通，指导员工完成工作任务，实现个人目标和店院目标。通常，美业顾问应指导员工进行目标设置、每日定向任务、反预约、顾客分析与销售演练等工作，并对主推项目或活动项目进行技术与话术训练，同时帮助员工促成顾客成交等。

环境卫生检查与巡房／总结及交班

为了确保可以为顾客提供干净、卫生的环境，美业顾问每日都必须进行环境卫生检查与巡房。通常，店院都有明确的卫生标准，美业顾问应按照标准检查环境卫生，确保环境卫生达到标准。

接着，就到了美业顾问一天中的最后一项工作，即对当天的工作进行总结和交班。工作总结包括当日达到的成果、遇到的问题、解决问题的方法、下一日的工作安排等。对当天的工作进行总结，有利于美业顾问不断优化工作方法和流程，提升工作效率。交班内容包括当班正在进行的工作及未完成的操作指令、数据票据的核对、上级命令或指示内容的传达等。总之，应按照店院的要求认真填写交班信息，便于下一位员工顺利地进行接下来的工作任务。

以上工作的用时及用时占比如表 1-11 所示。

表 1-11 美业顾问日常重点工作时间及占比

日常重点工作	时间（小时）	时间占比（%）
每日/月度目标定向及指导	1	11
顾客咨询接待	2.5	28
帮床与踢单	2	22
晨会/进度会召开	1	11
反预约及顾客回访	1	11
员工沟通与指导	1	11
环境卫生检查/总结及交班	0.5	6
小计	9	100

因店院的要求不同、各美业顾问的职责不同，以及每日可能遇到的突发状况，美业顾问每日的重点工作及用时也会存在一定的差别。但有了上述标准后，可以更流程化、系统化、标准化地指导美业顾问开展日常工作，从而提高工作效率，提升工作绩效。

❼ 美业顾问每天必开的两会

在本章第一节中我们提到会议管理是美业顾问的职责之一，那么美业顾问要负责哪些会议的召开呢？通常，美业顾问每天必开两会——晨会和进度会。

晨会

一日之计在于晨，有效的晨会是完成当天工作任务的关键。晨会通常只需要解决两件事：激情与目标。美业顾问要想提升晨会效率，实现会议目的，就要掌握以下几个技巧。

1. 明确会议目的

明确晨会目的是成功召开晨会的前提和保障。

召开晨会的目的

①**调动所有员工的激情**。通过召开晨会与员工展开互动，真正调动员工内心深处的激情与信心。

②**明确当天的工作目标**。明确当天个人、小组以及店院的目标与工作方向，能正确、高效地指导员工一天的工作。

③**安排好各员工当天的具体工作**。各员工当天的工作安排得越具体，越利于达到当天制定的目标。

---

2. 确定参与成员

晨会一般由美业顾问或店长主持，核心员工担任组长，参会成员为美容师及其他相关人员。具体的参与成员应根据会议主题、内容而定，且需要提前通知相关人员，并提醒他们做好相应的准备。

3. 合理分配会议时间

晨会的时间一般不宜过长，建议控制在30分钟内。所以，美业顾问在召开晨会时要注意时间，应合理分配并掌控不同环节的时间。此外，为了保障信息的统一性和通畅性，建议早班和晚班的晨会一起召开。

除了要掌握以上几个召开会议的技巧外，美业顾问还应把控会议流程，并要求员工做好晨会的工作汇报。晨会的召开流程可以参考以下模板。

晨会流程模板

①召集音乐。播放召集会议的音乐，提醒参会人员参加会议。

②舞蹈热场。

③列队展示及企业文化展示。

④开场问好，展示企业个性化的问好及响应方式。

⑤成功呐喊。

⑥礼仪训练：仪容仪表检查；微笑练习（1分钟）；标准仪态练习（站、坐、蹲、行、鞠躬、手操）。

⑦主持人宣布今天晨会的主要内容。

⑧昨日总结与PK奖励：由店长或美业顾问宣布本店昨日现金目标与实际完成情况，昨日客流量目标和实际完成情况；简单总结昨天的业绩或表扬服务表现突出的小组和员工，并由上述员工进行成功分享；进行PK奖励仪式（备注：如果前一天已做了总结和分享，第8步可取消）。

⑨今日目标定向。

员工个人汇报：个人月度目标、累计完成情况、月差额；汇报今天的目标和目标顾客，重点顾客是否需要上级的支持与辅导；今日预约情况报备。（无顾客的员工，汇报反预约计划、学习计划和考核计划）。

顾问汇报：本组月度目标、累计完成情况、完成率；汇报今天本组目标；顾问根据每个人的汇报情况再次强调销售中的注意事项及策略，对于特别重要的顾客要求会后马上进行顾客分析；客流量情况报备。

店长汇报：月度目标进度；根据员工及顾问的汇报情况确定当日目标和客流量目标；安排和落实今天的重点工作。

⑩美业顾问或店长宣布当天重点工作与分工。

⑪成功魔咒，即会议结束前的打气口号和动作。

⑫散会后，顾问或组长带领各员工进行技术手法或口才训练。包括产品话术训练、项目话术训练、顾客分析及成交话术训练。

员工汇报工作可以参考以下模板。

员工汇报模板

员工_____报告：

①本月现金目标____，已完成____，差额____。

②今天现金目标_____，现金由_____个客人产生。

顾客_____，卡内余额_____，余的项目是_____，她现在的需求是_____。我今天计划切入_____项目，计划充值目标是_____。我的信心度是_____，需要_____（顾问／店长）在_____方面给予支持。（这里有几个顾客就需要汇报几个顾客）

③我今天已预约_____人，与客流量目标相差_____人。今天计划反预约_____个顾客，分别是_____、_____、_____。（顾客姓名）

店长（顾问）汇报工作可以参考以下模板。

> **店长（顾问）汇报模板**
>
> ①本月全店/本组现金目标_____，已完成_____，完成率_____。
>
> ②今日全店/本组现金目标_____，目标顾客_____人，重点目标顾客是_____。其中有风险或需要会后马上进行详细分析演练的顾客有_____。
>
> ③今日全店/本组已约顾客_____人，与目标人数相比差_____人，请_____员工加强邀约_____人。
>
> ④今日重点工作安排：_____、_____、_____，请_____配合落实，下班前向我汇报工作成果。

每日进度会

有效的每日进度会是完成当天工作任务的重要调整点。每日进度会只需要解决两件事：进度与调整。美业顾问要想高效地召开每日进度会议就要掌握以下几个技巧。

1. 明确会议目的

明确每日进度会的目的，可以为每日进度会指明方向。

> **召开每日进度会的目的**
>
> ①检查当天全员的目标进度。
>
> ②针对进度超前或滞后情况讨论出调整方案并立即实施落地。

以达到完成或超额完成目标的目的。

2. 确定参与成员

每日进度会一般由美业顾问或店长主持，通常要求全店所有成员参与。

3. 合理分配会议时间

每日进度会的时间一般不宜过长，建议控制在30—45分钟。建议每天下午定点召开，通常以下午17:00—18:00为宜，这个时间段通常客流量会比较少。

4. 做好准备工作

做好相关准备工作，有利于提升会议效率。

每日进度会需要做好的两项准备工作

①确认每日的反预约进度，检查每天到店客流量，聚焦重点客户。

②检视员工每日的定向目标，确认新老顾客到店的服务策略。新顾客要做的通常是体验与成交，老顾客要做的是客情维护、项目消耗及叠加、新需求新项目的开发、体验与成交等。

除了要掌握以上几个召开每日进度会的技巧外，美业顾问还应把控每日进度会的会议流程，并要求员工做好每日进度会的工作汇报。每日进度会的召开流程要参考以下模板。

每日进度会流程模板

①召集音乐。

②开场问好。

③列队展示及企业文化展示。

④今日工作进度检查（员工、顾问）。

目标：今日目标、已完成额度、差额；成交业绩组成：顾客人数、姓名、项目构成及额度。

反预约：今日目标顾客人数、实际到店人数、相差人数、预约未到店顾客情况分析。

重点工作执行：今日上司布置的工作、实际执行进度。

今日接下来的目标：目标顾客人数、姓名、项目构成及额度、需要的支持与配合。

⑤PK分享：各组目前PK进度；已成交案例分享（现金/消耗/产品业绩）（注：进度会分享后第二天晨会可不安排分享）；顾客表彰、优秀员工分享；项目效果分享。

⑥业绩推动及激励：确定目标顾客及金额，部署详细的策略与配合步骤；重点分析与顾客演练；销售激励。

⑦店务及其他事项安排。

⑧成功魔咒（开心一刻）。

员工汇报工作可以参考以下模板。

员工汇报模板

员工_____报告：

①今日现金目标_____，目前已完成_____，差额_____。

②今日目标业绩由_____个顾客产生。顾客姓名_____，主要需求是_____，今天计划切入_____项目，实际已切入了_____项目。（有几个顾客就轮流说几个）

③我今天的目标顾客_____人，实际到店_____人，与目标人数相差_____人，没到店的顾客是_____，原因是_____。

④今天顾问/店长安排我做的_____事情，已（未）完成，取得（未取得）_____的结果。

⑤综上，目前还需要继续邀约顾客_____人，分别是_____、_____（全称）。需要达成的现金业绩是_____，由_____个顾客组成。其中，顾客_____，计划切入_____项目，金额_____。我的信心度是_____，需要_____(顾问/店长)在_____方面给予支持。

店长（顾问）汇报工作可以参考以下模板。

店长（顾问）汇报模板

①今日全店/本组现金目标_____，实际完成_____，差额是_____。主要原因是：目标顾客有_____人未到店，产生了_____差额；目标顾客有_____人未成交或成交额度比目标低，产生了_____差额。

②其中要表扬_____小组或_____员工，你们已完成了目标业绩的90%。晚上还有_____目标，将会产生_____业

绩，希望成功达标。

③其中要提醒_____小组或_____员工，你们只完成了今天目标的_____%，进度严重滞后了。接下来有重点顾客_____、_____、_____，会后要再进行详细分析，以便推动成交。同时，_____小组或_____员工还需要再次反预约顾客_____人来完成今天的目标总额。下班前请向我汇报一下工作成果。

第 2 章

能力孵化：美业顾问必修的底层能力

美业顾问为顾客提供全程服务，其一言一行都影响着店院的服务质量、顾客满意度及业绩。为保障并不断地提升店院的服务质量和业绩，美业顾问需要对自身能力进行训练，掌握必修的底层能力。

❶ 美业顾问胜任力模型

胜任力是任何一个人想在岗位上取得成功必须具备的底层能力之一。通常，美业店院会针对美业顾问这个职位所要求的能力和条件建立胜任力模型，合格的美业顾问必须能匹配相应的胜任力模型。

为了便于理解、记忆，我们可以将"胜任力模型"这个概念拆开来看，如图 2-1 所示。

胜任力模型

完全可以 — 担任（某项工作）— 能力素质 — 行为模范（标准）

图 2-1　胜任力模型

图 2-1 的内容用一句话概括起来就是"美业顾问应具备完全可以担任某项工作的能力素质，能严格遵守该岗位的行为规范"。这样我们对美业顾问的胜任力模型就有了一个初步的认识。但是仅仅停留在初步认识层面还不够，我们还需要进一步了解美业顾问胜任力模型所要求的能力和行为规范的具体内容是什么，这样才能明确一名合格的美业顾问应该具备的能力和条件。

胜：完全可以

胜任力中的"胜"是指美业顾问完全可以担任该职位。那么，如何确认美业顾问能"胜"呢？我们可以通过以下 3 个方法来了解美业顾问是否能够"胜"，如图 2-2 所示。

图 2-2　确认是否能"胜"的方法

（1）行为事件访谈法

该方法是一种开放式的行为回顾探索技术，是分析美业顾问是否具备岗位胜任力的主要工具之一。该方法通常在上级或人事部门判断美业顾问是否具备岗位胜任力时采用。美业顾问在该方法中作为被访谈者接受访问，应详细回答访谈中的问题。

该方法要求美业顾问列出自己在工作中发生的关键事件，包括成功事件、不成功事件和负面事件各 3 项，并且要详细地描述整个事件的起因、过程、结果、时间、相关人物、涉及范围以及产生的影响等。同时，美业顾问要描述自己的想法、观点，例如，出于什么原因产生了这样的想法。在事件访谈结束前，美业顾问还要总结一下自己成功或失败的原因。最后，访谈者收集数据、信息，综合分析并评估美业顾问是否能"胜"。

（2）问卷调查法

该方法是用书面形式收集信息的一种调查方法，是通过向被调查者发出调查表或调查问卷，请其填写、回答有关问题，以此来获得信息的一种调查方法。与"行为事件访谈法"相同，美业顾问也是作为被调查者接受访问，需积极配合调查者回答问卷中的问题。最后，调查者会根据问卷中收集的信息来分析、评估美业顾问是否能"胜"。

（3）工作分析法

工作分析法也称工作日志法，是指在岗位上按照时序详细记录工作内容和工作过程，再对这些信息进行归纳、整理、分析，以达到工作能力分析的一种方法。美业顾问在工作中要养成记录工作内容和工作过程的习惯，实时收集信息，将其作为自己、人事部门或上级对自己的工作能力进行评估时的重要参考，以判断自己是否能"胜"。

任：担任

胜任力模型中的"任"是指美业顾问能担任某项工作。这里重点关注的是美业顾问所具备的能力，即能干什么。

在实际的工作中，不少美业顾问更加关注的是自己要干什么或想干什么，而忽略了自身具备哪些能力，即能干什么。导致在实际的工作中，很多人无法胜任美业顾问的职位。从这个角度来看，对美业顾问而言，"能干什么"远远大于"要干什么"。因此，美业顾问应聚焦自身的能力，而不是空洞的想法。

"力"：能力素质

胜任力模型中的"力"是指美业顾问应具备的胜任该岗位的能力素质。知名心理学家戴维·麦克利兰（David C. McClelland）曾提出一般岗位所需的胜任力包括技能、知识、角色定位、价值观、自我认知、品质、动机等7个层级，具体内容如表2-1所示。

表 2-1 能力素质的 7 个层级

素质层级	定义	内容
技能	一个人能完成某项工作或任务所具备的能力	如表达能力、学习能力、沟通能力等
知识	一个人对专业知识的了解	如美容项目知识、皮肤管理知识
角色定位	一个人对职业的预期，如美业顾问想要做些什么事情	如美容专家、区域经理
价值观	一个人对是非、重要性、必要性等的价值取向	如团队协作精神、献身精神
自我认知	一个人对自己的认识和看法	如自信心、进取心
品质	一个人持续而稳定的行为特性	如责任心、诚实
动机	一个人内在的自然而持续的想法和偏好，驱动、引导和决定个人行动	如人际需求、自我实现需求

这 7 个层级的能力素质越全面越好，说明美业顾问具备胜任该岗位要求的能力素质。

模型：行为规范

胜任力中的"模型"是指美业顾问可以胜任该岗位所需具备的行为规范（标准），也就是胜任该岗位所需具备的能力素质组合。戴维·麦克利兰不仅提出了胜任岗位需要具备的能力素质的 7 个层级，还对这 7 个层级进行了划分，构建成"冰山模型"，如图 2-3 所示。

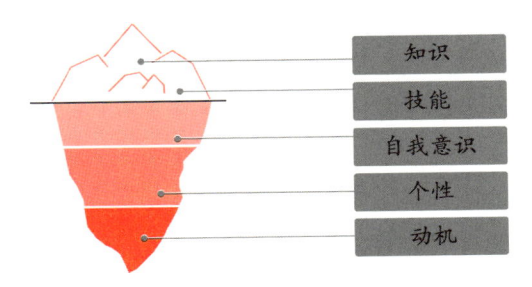

图 2-3 胜任力的"冰山模型"

所谓"冰山模型",就是将人员个体素质的不同表现划分为表面的"冰面以上部分"和深藏的"冰面以下部分"。"冰面以上的部分"包括知识、技能,是外在表现,是容易了解与测量的部分;"冰面以下部分"包括自我意识、个性、动机等,是人的内在表现,是难以测量的部分。一个合格的美业顾问不仅要具备冰面以上的技能和知识,还应当具备正确的价值观、合格的品质等。

胜任力的"冰山模型"是所有岗位通用的能力素质模型,我们可以结合美业顾问的工作性质、要求等,建立更具有针对性的胜任力模型。如图2-4所示。

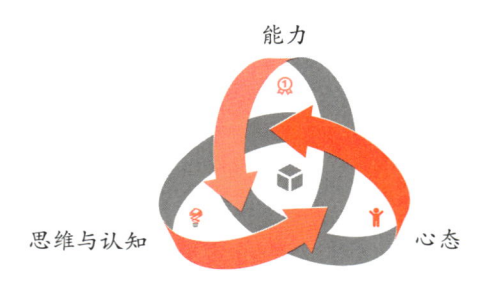

图 2-4 美业顾问的胜任力模型

美业顾问的胜任力模型对能力的具体要求如表2-2所示。

表 2-2 美业顾问的胜任力模型

心态	思维与认知	能力	
		专业能力	核心能力
①想要的意愿 ②强烈的责任心 ③学习的心态 ⑤感恩的心态 ⑥包容的心态	①利他思维 ②目标感与结果导向 ③成长型思维	①专业知识及技术手法 ②目标设置与滚动调整 ③一度咨询与诊断 ④顾客分析与销售演练 ⑤反预约 ⑥会议管理 ⑦全程服务管理	①激励能力 ②沟通能力 ③指导能力

从美业店院层面来说,美业顾问的胜任力模型为店院评价人才提供

了一套标准，便于店院对美业顾问实现有效管理。从美业顾问个人层面来说，胜任力模型能够使美业顾问明确岗位能力要求，为自己提升能力指明方向，同时也能够为自身行为提供清晰的指导，使自身的行为可以符合岗位要求。所以无论从哪个层面来说，建立胜任力模型都是美业店院必须做好的管理工作之一。

❷ 如何做好顾客分析

做好顾客分析，美业顾问就可以深入了解顾客的需求、偏好、消费实力、消费习惯等，进而为顾客提供满足其需求的项目和服务，促成成交。

美业顾问要想做好顾客分析，需要掌握顾客分析的四大关键内容，如图2-5所示。

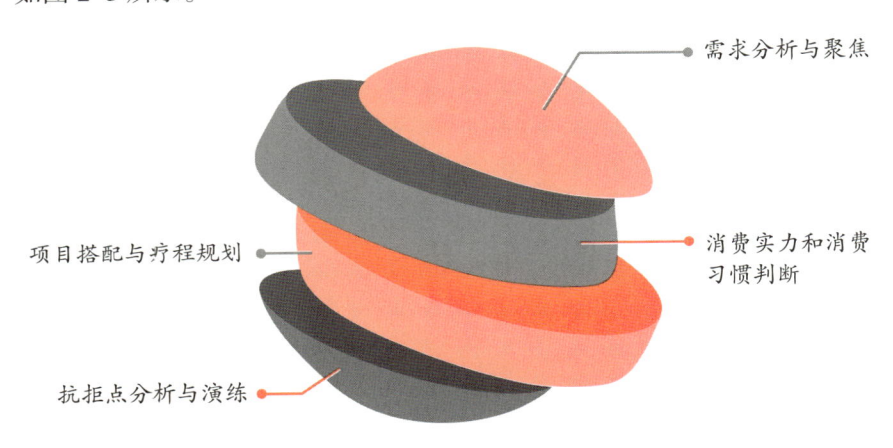

图2-5　顾客分析的四大关键内容

需求分析与聚焦

需求分析与聚焦是顾客分析的核心内容。只有了解并聚焦顾客的需求，美业顾问才能提供满足其需求的项目和服务，迅速促进成交。

专注新经济领域的数据挖掘和数据报告分析机构艾媒咨询在2021年9月发表的调研数据显示，中国医美机构的消费者以女性为主，占比将近七成。其实，不仅是医美机构，整个美业都是女性顾客居多。所以在进行需求分析与聚焦时，我们主要围绕女性顾客展开。

在对顾客的需求展开详细分析之前，我们首先要大致了解她们有哪些方面的需求。

（1）女性顾客的核心需求

女性顾客的核心需求通常有以下5个，如图2-6所示。

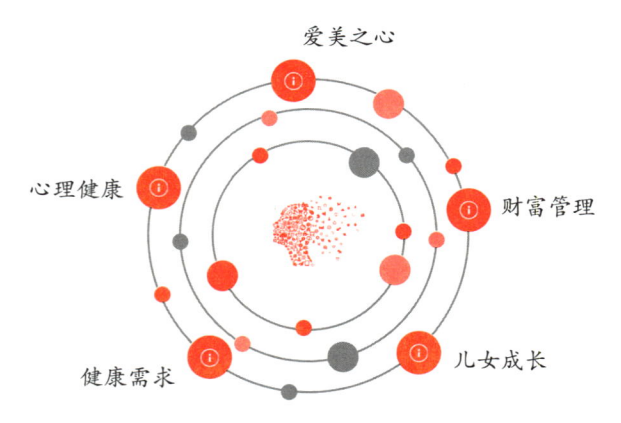

图2-6 女性顾客的五大核心需求

女性顾客的五大核心需求

① **爱美之心**。"爱美之心，人皆有之。"尤其是女性顾客，对

美的追求更加强烈。

②**财富管理**。随着女性经济与社会地位的提升，女性顾客的消费需求不断扩张，"她经济"时代已经到来。"她经济"有着强劲的冲击力，女性顾客对财富管理的需求就是冲击力的体现之一。

③**儿女成长**。对于拥有母亲身份的女性顾客而言，她们十分关注子女的成长，希望可以为子女提供更好的教育、更健康的生活。

④**健康需求**。不只是女性，人们普遍有健康需求，这是人们的底层需求。

⑤**心理健康**。在健康需求被满足后，人们会自发地向上追寻更高层次的需求——心理健康，例如对尊重、亲密的需求。

对女性顾客的核心需求有一定的了解，便于我们进一步精准地对美业店院的女性顾客的需求进行分析和聚焦。

（2）美业店院的女性顾客的共性需求

不同领域的女性顾客的需求会不尽相同，因此美业顾问还需要有针对性地研究美业店院女性顾客的需求。我们可以从美业店院的女性顾客的共性需求入手分析。

美业店院女性顾客的共性需求主要分为生理需求和心理需求两大类，如图2-7所示。

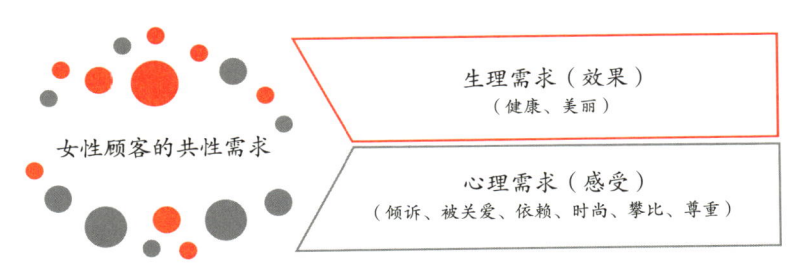

图2-7 美业店院女性顾客的共性需求

生理需求是指顾客对产品和服务效果的需求，也是她们走进美容店院的基本需求，主要包括对健康和美丽的需求。

心理需求是指顾客内心的感受，主要包括倾诉、被关爱、信赖、时尚、攀比、尊重等。在女性顾客的健康需求和美丽需求得到满足后，她们就会自发地追求更高层次的需求，如希望得到外界的关爱和尊重等。

（3）新女性"三感"

不同时代的女性顾客的需求不同，新时代女性顾客的需求可以概括为"三感"，即安全感、优越感、存在感，如图2-8所示。

安全感
物质和财富，如房子、车子、独立工作收入及稳定性、家人健康等相关问题

优越感
体现在比较级别，如坐头等舱

存在感
需要人不断地给她回馈，如社交圈的点赞、评论

图2-8 新女性"三感"

安全感是基本的生理方面的需求，在发展迅速的新时代，这些需求并不难满足。当这些需求被满足后，她们就会自发追寻优越感和存在感这些高层次的心理方面的需求。"三感"在消费中的体现就是新时代的女性更愿意为能够满足其优越感和存在感的产品买单。

以上是对美业店院的顾客需求进行的初步分析和聚焦。美业顾问要想进一步提升自己的能力，仅仅做到这一步还不够，还应采取相应的措施进一步分析顾客的需求。具体的方法将在本章第3节"九维分析法"中展开详细的介绍。

消费实力和消费习惯判断

对美业顾问而言，快速判断顾客的消费实力和消费习惯的能力非常重要。

消费实力是指顾客为满足个人生活需要，购买各种消费性产品和服务的程度和能力。某种程度上，顾客消费实力的高低决定了其购买产品和服务的不同。如果顾客的消费实力远远达不到某个项目的定价档次，那么无论顾客多么需要该项目，都很难成交。换个角度说，顾客消费实力的高低也决定了美业顾问向顾客推荐项目和服务的不同。针对消费实力较强的顾客，美业顾问应当首推高端项目和服务；针对消费实力一般的顾客，则应推荐性价比较高的项目和服务。

消费习惯是指顾客在长期消费实践中形成的对一定消费事物具有稳定性偏好的心理表现，例如出于情感需求喜欢某品牌的产品。消费习惯的不同决定了顾客购买产品和服务的不同，同时也决定了美业顾问向顾客推荐项目和服务的不同。例如，如果顾客钟情于某品牌的产品，那么美业顾问应当首推该品牌的产品。

对顾客的消费实力和消费习惯的分析，其本质是为了更深入地挖掘顾客的需求，从而为顾客提供满足其需求的项目与服务。

项目搭配与疗程规划

项目搭配是指通过顾客的面部、身体等方面的症状以及顾客心理层面的需求，来评估其搭配使用哪些项目与服务的效果会更好。疗程规划则是指对服务项目或产品的使用时间节点以及时长做出明确要求。例如，护理的频次是3天一次、7天一次还是半个月一次，以及护理多长时间或多少次才能解决问题。

做好项目搭配与疗程规划可以满足顾客多元化的需求，同时还可以帮助店院实现增收赢利。所以，做好品项搭配与疗程规划是美业顾问的重点工作之一。

抗拒点分析与演练

美业顾问在帮助顾客做项目搭配与疗程规划时遇到的所有疑问、质疑、拒绝等问题统称为顾客抗拒点。作为美业顾问，遇到顾客抗拒是难免的。事实上，顾客购买任何商品或服务时，或多或少都会产生一些抗拒心理，如"我再看看""我考虑考虑""价格太贵了"。也就是说，顾客产生抗拒心理是正常的，美业顾问应当正确看待、理解顾客的这种心理。

但是只停留在理解层面还不够，美业顾问还应当做好顾客的抗拒点分析，了解顾客产生抗拒的原因并不断开展实践演练，以做到"对症下药"，让顾客无从抗拒。

以上是对顾客分析的四大关键内容的阐述和介绍，旨在帮助美业顾问掌握顾客分析的四大关键因素，这样才能形成顾客分析的系统思维。具体的、可实操的方法会在接下来的内容中细细地展开。

❸

九维分析法：从细节看穿顾客需求

在上一节内容中，我们分析了女性顾客的核心需求、美业店院女性顾客的共性需求，以及新时代女性的"三感"，这些都是一些初步的需求分析。在实际的工作中，为了进一步挖掘顾客的需求，美业顾问还应关注更多的细节。

美业顾问可以采取九维分析法，从细节看穿顾客需求。如图 2-9 所示。

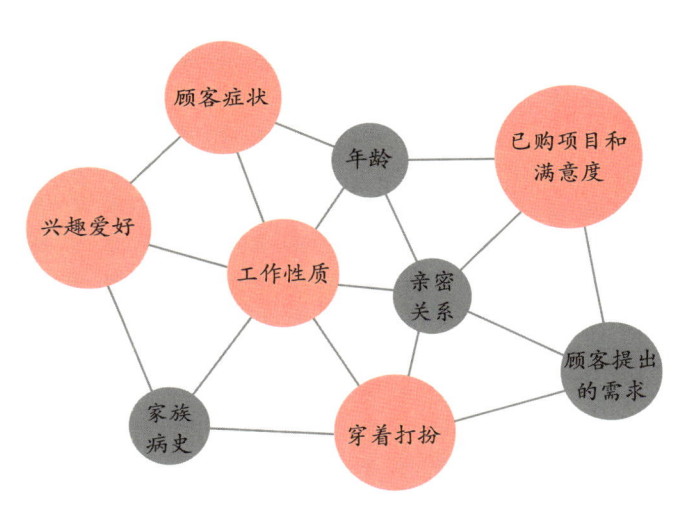

图 2-9 九维分析法

顾客症状

美业顾问可以通过罗列顾客症状，判断顾客已知、未知和潜在的需求。

罗列顾客症状的方法

①从美丽到健康；
②从头部到面部到身体；
③从前到后、从里到外、从上到下（360度且穿透身体内在）。

根据罗列的症状提出问题，对顾客需求进行分析。

> **顾客需求分析**
>
> ①顾客经常护理部位的症状是否解决？是否有更适合顾客的解决方案？
>
> ②顾客还有哪些症状没有被关注到？顾客的潜在需求是什么？
>
> ③可以创造和培养的顾客需求是什么？
>
> ……

年龄

不同年龄阶段的顾客的需求不同。我们可以将女性顾客的年龄划分为 3 个阶段：25 周岁以下、25—45 周岁、45 周岁以上，并对不同年龄阶段的顾客需求展开分析。

例如，同样是面部微整项目，25 周岁以下的女性需求主要是大眼睛、高鼻梁、瘦脸等，而 25—45 周岁的女性需求主要是去眼袋、去三角纹、丰盈苹果肌等。再如，同样是健康调理项目，25—45 周岁的女性需求主要是乳腺、体力、代谢等，而 45 周岁以上的女性需求主要是免疫力、白发、脱发、内分泌系统等。

已购项目和满意度

我们可以通过顾客购买的项目和满意度来对顾客需求进行分析。

了解顾客已购的项目和满意度

①哪个需求更容易成交？

②哪个需求的消费金额更大？

③顾客更在乎健康还是美丽？如果更在意健康，那么最在乎哪些部位？如果更在意美丽，那么最在乎哪些部位？

④顾客每次护理必做的项目是什么？最喜欢的项目是什么？

⑤顾客购买的项目是立竿见影的项目，还是常规护理项目？

……

顾客说的需求

有时候顾客会有意识地表达自己的需求，此时美业顾问一定要认真做好记录并进行分析。

回顾并罗列顾客表达的需求

①面部；

②身体；

③形体；

……

对顾客表达出来的需求进行分析判断。

顾客需求分析

①判断顾客最在意的是解决什么方面的问题；
②判断顾客对哪些项目的效果不满意；
……

亲密关系

通过与顾客的交流了解顾客的亲密关系，也可以从中发现顾客的需求所在。

亲密关系的类别

①**自尊**。例如，是否爱自己？对自己是否舍得花钱？
②**夫妻关系**。例如，夫妻感情是否融洽？相处是否和睦？
③**子女关系**。例如，与子女的沟通是否顺畅？
④**父母关系**。例如，婆媳关系是否和睦？
……

通过亲密关系状况对顾客的需求进行分析。

顾客需求分析

①顾客内心的期待，比如希望夫妻感情更融洽；
②顾客内心的渴望，比如渴望子女有更好的成长环境；

③顾客内心的恐惧，比如喜欢否定自己，有社交恐惧；
……

工作性质

顾客的工作性质不同，其需求也不同。因此，美业顾问在对顾客需求进行分析时，不能忽视其工作性质。

例如，全职妈妈或爸爸的工作特点是时间相对比较自由，但人际交往相对有限，通常都是围着孩子转。这类顾客的需求通常是希望得到他人的关注、认同，很可能会出现报复型、补偿型消费。再如，职场精英的工作特点是收入高、时间少。这类顾客的需求通常是提升外在形象，保持身体健康，追求差异化服务，而且他们有一定的经济实力，愿意为满足自己的需求去购买高端项目。

兴趣爱好

了解顾客的兴趣爱好，可以帮助美业顾问判断出与顾客沟通的切入点，投其所好，迅速破冰。这样更容易了解顾客的需求，从而可以搭配出更适合顾客症状与需求的项目规划。例如，顾客对户外运动比较感兴趣，那么她很可能对头、肩颈、关节、腿部等身体局部放松的项目比较有需求，同时也可能对防晒霜、护手霜等家居产品有需求。

家族病史

通过顾客的家族病史可以判断顾客未来可能会面临的健康风险与健康

需求，还可以判断顾客在健康方面最大的顾虑和需求是什么，找到更精准的销售切入点。例如，顾客的母亲因乳腺癌去世，那么她对乳腺方面的健康保养需求就会比较大，也更愿意和美业顾问多聊一些乳腺保养方面的话题。

但要注意的是，顾客的家族病史通常是比较隐私的信息，也是顾客比较敏感的信息，如果顾客主动谈及相关内容，那么美业顾问认真记录即可，切忌刻意打听。

穿着打扮

从顾客的穿着打扮可以大致判断出顾客的消费观、审美观及消费实力。例如，顾客穿衣服很讲究，服装、配饰都是国际知名品牌，那么说明顾客看重产品的品牌与品质，消费实力比较强，对价格的敏感度不是特别高。针对这类顾客，美业顾问可以推荐与顾客症状和需求相匹配的高端或顶级项目。

除了以上九个维度外，美业顾问通过认真观察，还可以在和顾客打交道的过程中发现更多的细节。归根结底来说，美业顾问需要一双会观察顾客的眼睛，能看到各种和顾客需求相关的细节。同时还需要聪明的大脑，能从这些细节中读懂顾客的需求。

❹
对顾客的需求进行聚焦和排序

对顾客的需求进行分析后我们会发现，顾客的症状与需求是多种多样的。如果帮助顾客设计出了能够满足其所有需求的护理计划，可能会出现两种情况：一是项目搭配会显得多且杂，导致顾客选择困难；二是护理计划的整体价格可能比较高，加大了顾客立即购买的难度。因此，美业顾问需要做的是聚焦并对这些需求进行优先级排序，迅速抓住顾客最想解决的问题并推动及时做出决策、促成购买。

对顾客的需求进行聚焦

对顾客的需求进行聚焦时应遵循3个原则，我们又称之为"需求聚焦三最"，如图2-10所示。

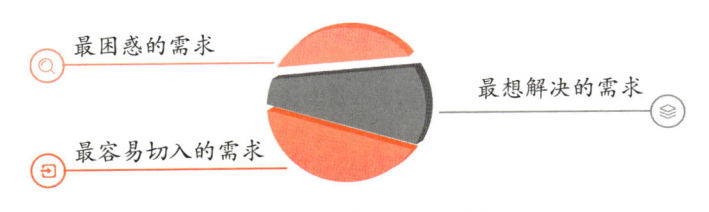

图2-10 "需求聚焦三最"

（1）最困惑的需求

顾客最困惑的需求是指顾客一直有这些症状或问题，也很想解决这些问题，但长时间以来都没有得到明显改善而当下又急于得到明显改善的需求。例如，顾客想减肥，也一直在减肥，但一直都没有效果，近期因为遇到了心仪的对象，希望可以快速瘦下来。

（2）最想解决的需求

顾客最想解决的需求可以理解为顾客的刚需"痛点"。例如，对于经常长痘的顾客来说，祛痘就是她们的痛点，是她们最想解决的问题。

（3）最容易切入的需求

最容易切入的需求是指顾客想解决当下症状的需求，而且项目价格匹配顾客的消费实力，让顾客能够迅速决策与购买。例如，顾客近期肩颈痛的情况很严重，迫切地想要缓解疼痛，美业顾问就可以推荐她先做几次肩颈按摩项目，价格不高且效果立竿见影。

总结来说，聚焦顾客需求本质上是重点关注那些顾客想解决同时可以增加成交机会和加快成交速度的需求。

对顾客的需求进行排序

聚焦需求后，美业顾问还要对这些需求进行优先级排序。对需求进行优先级排序能够确定项目对顾客的相对重要性，从而可以优先推荐对顾客比较重要的项目，加速顾客的购买决策。

在对顾客的需求进行优先级排序时，美业顾问需要重点关注顾客的两个需求，一个是顾客最迫切想解决的需求，另一个是顾客最容易接受的需求。

例如，顾客同时有抗衰和全身 SPA 的迫切需求，抗衰项目的疗程价格在 3 万元以上，但全身 SPA 项目的疗程价格只有 5000—6000 元。从价格角度来说，全身 SPA 项目更容易让顾客接受，应该排在第一位，抗衰的项目则应排在第二位去沟通。

❺
如何判断顾客的消费实力和消费习惯

对于美业顾问来说，判断顾客的消费实力和消费习惯的能力是必备的能力之一。这种判断能力会大大影响到美业顾问对顾客项目的搭配与疗程规划、成交的金额、成交的速度等。

消费实力判断

判断顾客的消费实力可以采取"望闻问切"的方法。"望闻问切"是中医用语。望,指观气色;闻,指听声息;问,指问症状;切,指摸脉象。这种方法也可以用来判断顾客的消费实力,只是"望闻问切"的方法不同。

(1) 望:观察与判断

望,是指通过观察顾客的外在特征,从而对顾客的收入水平、消费力与综合素质进行判断。我们可以通过年龄、交通工具、衣着打扮及言谈举止等4个方面进行关注与判断。例如,开着豪车、戴着名表、拎着价值不菲的品牌包的女性顾客,她的消费实力通常比较强,基本上可以归于店院大顾客的消费档级类别。

(2) 闻:嗅吸与聆听

闻在此处的意思就是嗅吸与聆听。通过嗅吸可以判断顾客是否使用名牌香水,通过聆听可以对顾客的症状、想解决的问题与途径、对价格的敏感度及性格特征有一个基本的了解与判断。美业顾问在聆听的时候不仅要听出顾客说出来的意思,还要听出顾客没说出来的弦外之音。

(3) 问:提问与沟通

在对顾客的症状、需求与消费实力有一定了解后,我们可以通过提问与沟通进一步判断顾客的兴趣爱好、工作与生活状况及感受需求。

通常可以围绕工作情况、居住环境、平时的休闲活动、平时的购物场所及子女教育等几个方面展开提问与沟通。这些方面的信息与顾客的消费实力高低有一定的关系，同时与我们跟顾客沟通的内容也有一定的关联。但要注意的是，切忌询问顾客的隐私，比如直接询问顾客"你们家一年能赚多少钱""你们家有几套房产"等，这样很容易让顾客产生抵触心理。美业顾问可以采取请教式、引导式或纠错式等方式与顾客沟通，从而达到让顾客愿意打开话题，跟我们沟通交流的目的。例如，"您平时会去哪里逛街"等。

（4）切：判诊与方案

切，是指通过手诊或仪器诊断出顾客的症状、需求并聚焦，从而为顾客提供匹配的项目搭配和疗程规划。这个环节重点要关注的是顾客对于美业顾问聚焦的症状程度的认同度、对护理计划的反应度，以及对疗程价格的敏感度。

望闻问切的本质就是通过仔细观察顾客的外在特征与言谈举止，从中获得与顾客相关的各类信息。再通过这些信息去了解顾客青睐的沟通方式与沟通内容，同时可以判断顾客的症状需求和消费实力，进而帮助顾客提供匹配的护理计划。

消费习惯判断

美业顾问可以通过以下 5 种方式来判断顾客的消费习惯。

判断顾客消费习惯的方法
①上一年的年度消费额度，例如 A 顾客上一年的消费额度为

6万元。

②单次消费的最高额度，例如A顾客单次消费的最高额度为2万元。

③项目单价，例如A顾客每次消费2—3个项目，每个项目的单价基本在800—1000元。

④消费频次和消费习惯，例如A顾客喜欢去高端会所消费，每个月2—3次。

⑤出入场所，例如A顾客喜欢逛高端商场，有空的时候还会专门去国外购物。

从以上的信息我们可以判断，A顾客是一个喜欢高品质生活的高质量顾客，消费实力较强，愿意为自己的美丽与健康买单。同时，从她有空时会专门去国外购物的消费习惯可以判断，A顾客的开发空间很大。

对顾客的消费习惯进行判断可以进一步了解顾客消费方面的相关信息，这些信息可以有效指导美业顾问为顾客提供与其消费能力相匹配的品项和服务，从而最大化地挖掘顾客价值。

❻
如何为顾客进行项目搭配与疗程规划

做好项目搭配与疗程规划，能帮助美业顾问与顾客迅速达成共识，促进成交。那么，如何为顾客进行项目搭配与疗程规划呢？

项目搭配

为顾客进行项目搭配的前提是了解店院的项目结构，然后才能根据顾客需求去搭配合适的项目。

（1）了解项目结构

合理的项目搭配的前提是有清晰的项目结构，所以美业顾问首先必须了解店院的品项结构。

通常，店院的品项结构有以下4种，如图2-11所示。

导客项目是用来吸引新客流量的项目，通常是一些功能普及面广、效果好同时价格比较实惠的项目。这样新顾客的体验感好，容易迅速成交。目前比较热门的导客引流项目是深度清洁、美白补水、肩颈放松及全身SPA类项目。

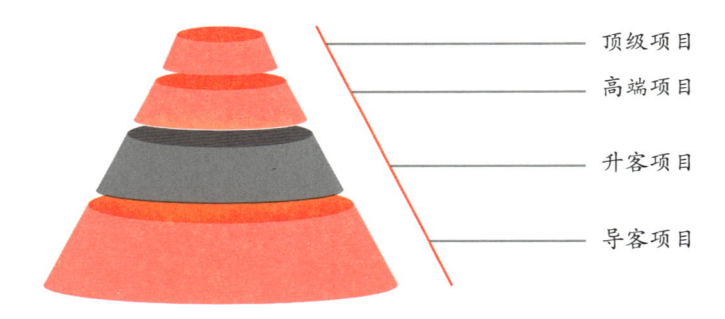

图 2-11　店院的品项结构

升客项目又叫客力提升项目，是顾客需求大、消费频次高、用来提升顾客消费力的项目。这类项目可以增加顾客黏性，提升店院的日均客流量，能够给店院带来固定的利润。

高端项目、顶级项目分为常规项目和合作项目。如果是常规项目，通常是品牌知名度高、功能与效果好、能自带流量的项目。如果是合作项目，通常是专门针对顾客某类需求的项目，例如抗衰、提升、轻医美等效果立竿见影的项目。这类项目通常定价比较高，解决问题的速度比较快，主要用来吸引高端或顶级顾客，能帮助店院获得较高利润。

了解店院的品项结构以及不同品项的特点后，美业顾问才能结合这些内容，针对顾客需求为顾客做好品项搭配。

（2）遵循品项搭配的原则

一些美业顾问为了创造业绩，在进行项目搭配时，会优先考虑高端项目或顶级项目，并将这些项目搭配在一起。但合理的项目搭配并不是将店院里价格高的品项组合在一起，或者将销售量较高的品项组合在一起，这样搭配的项目不一定能销售出去，因为它并不能满足顾客的需求。

合理的项目搭配的原则是从顾客的角度出发，也就是要根据顾客的需求去搭配合适的项目，以达到效果最大化。

项目搭配的技巧

①根据与顾客沟通时达成的共识，罗列出顾客的症状需求。

②对顾客的需求进行排序，找出顾客最在意的前3个需求，结合这些需求搭配合适的项目，达到效果最大化。

③搭配时要参考顾客原有项目及剩余情况。例如，顾客还有剩余的项目，那么可以将这些项目进行整合，升级为更高端且符合顾客需求的项目。

④搭配时要考虑顾客对购买项目的认同度。组合项目时应尽可能将顾客认同度较高的项目搭配在一起。

⑤搭配时要考虑顾客对店院客情基础的认同度。顾客的认同度越高，越利于在项目搭配与疗程规划方面达成共识。

⑥根据对顾客的保养观念、消费引导的把控，规划容易跟顾客达成共识的项目。

项目搭配不能仅仅停留在满足顾客需求的层面。当顾客的需求被满足后，我们还可以根据对顾客的分析、了解去创造需求，主动出击。只有不断创造需求，才能帮助顾客变得更加美丽与健康，进而才能为店院创造更多的业绩。

总结来说，项目搭配是在了解品项的基础上，搭配出满足顾客需求，且能为顾客创造需求的项目。

疗程规划

因顾客的到店习惯、消费等级、疗程效果等不同，疗程规划的方式也不同。

> **疗程规划的两种方式**
>
> ①按照顾客的到店习惯及疗程效果来规划顾客到店的护理时间与护理次数。例如，设计体验疗程（10次）、小疗程（30次），还是中疗程（60次）、大疗程（100次）；同时到店的频率是每3天1次，还是每周1次等。
>
> ②根据顾客消费档级做阶段性销售与消耗的同步规划，例如年度规划、半年度规划、季度规划和阶段规划。

为了做好项目搭配与疗程规划，美业顾问可以制作一张顾客项目搭配与疗程规划表，如表2-3所示。

表2-3　顾客项目搭配与疗程规划表

症状	需求	项目搭配方案	疗程次数	疗程价值	第一阶段方案	第一阶段疗程价值
面部						

续表

症状	需求	项目搭配方案	疗程次数	疗程价值	第一阶段方案	第一阶段疗程价值
身体						
体质						
健康管理						
……						
小计						

表 2-3 中的内容不是固定的，美业顾问可以根据项目搭配与疗程规划的实际情况来调整内容。

美业顾问在为顾客进行项目搭配和疗程规划时不能为了提升业绩而搭配与规划，应当从满足顾客的角度出发，有弹性地搭配项目、规划疗程。只有满足了顾客的需求，项目搭配与疗程规划才有意义，才能发挥价值。

❼ 如何锁定顾客的抗拒点并有效应对

作为美业顾问，要想有效应对顾客的抗拒，首先要罗列出店院常见的顾客抗拒点，然后根据顾客抗拒的具体原因锁定抗拒点，最后采取相应的方法去应对抗拒点。

罗列店院常见的顾客抗拒点

美业店院常见的顾客抗拒点有以下几种，如图 2-12 所示。

图 2-12 常见的顾客抗拒点

（1）考虑：下次、以后等

有些顾客会犹豫不决，通常会说"我先考虑考虑""下次再说吧""我回去看一下一周内的持续效果，下次来再说"等。

（2）担心效果

这个抗拒点是大多数美业店院的顾客都存在的。在抗拒的时候她们常常会说"我并不是在乎这个价格，主要是怕没有效果""我要是花钱花时间做这个项目，到时候没有效果我岂不是太亏了""这个效果你们能保证吗"等。

（3）已有，用完再说

顾客在抗拒的时候通常会说"我以前做过这个项目，现在还没做完""我有这款产品，用完再说""我有差不多功效的产品，用完再说"等。

（4）价格太贵、疗程太多等

顾客在抗拒的时候可能会说"这个价格超出了我的预算""这个疗程太多了，我要做几年才能做完"等。

当然，除了以上几种常见的抗拒点，顾客的抗拒点还有很多。这就要求美业顾问在与顾客交流时要认真倾听，并读懂顾客的抗拒点。实际上，读懂顾客的抗拒点并不难，通常顾客拒绝美业顾问推荐的项目或服务时所说的话就是抗拒点。

锁定顾客的抗拒点后，美业顾问就要针对抗拒点采取应对措施。应对顾客抗拒较为有效的方法就是在顾客提出抗拒之前就对相关抗拒点进行消除。这是一种比较理想的状态，也是美业顾问应争取做到的事情。如果不能提前消除，美业顾问就要在顾客提出抗拒之后做好应对了。

应对顾客抗拒点的技巧

无论顾客出于什么原因产生抗拒，美业顾问都要制订明确的方案去应对顾客的抗拒点。

（1）再次明确抗拒点

有些顾客会明确表达自己的抗拒点，例如，"我觉得价格太贵了，我消费不起"，价格昂贵就是顾客真实的抗拒点。但有些顾客不会直白地表达自己的抗拒点，他们通常会含糊说辞，如"我考虑考虑，我怕效果不明显"。无论顾客是直接表达还是含蓄表达，美业顾问都要跟顾客再次确认抗拒点，便于快速找到具有针对性的应对方案。

下面以"担心效果"这个抗拒点为例，介绍如何"再次明确抗拒点"。

> 美业顾问："李女士，刚才您说有点担心效果不明显。我们再来回顾一下您做了一次护理后的即时效果吧……"
>
> 例如做面部体验时，通常建议做完半边脸就给顾客做一个效果对比并拍照记录。我们通常可以选出护理部位3—5个点做效果对比，可以选择肤色（视觉）、滑腻程度（触觉）、法令纹的深浅（视觉）、眼角的提升（视觉）、脸部的提升（视觉）或水分含量（数据）等效果做前后对比。

再次明确抗拒点其实就是为了锁定应对抗拒点的方向，方向对了，方法才能奏效。

（2）给出具体的、有针对性的解决方案

明确顾客的抗拒点后，美业顾问要认真分析顾客抗拒点背后的真实原因，然后给出具体的、有针对性的解决方案。

> 美业顾问："李女士，咨询诊断结果显示，您目前的面部皮肤情况是T型偏油、两颊有点干、眼周有细纹、法令纹有点深，所以整体看起来脸色有点晦暗，人显得有点憔悴，精神状态不佳。针对这些症状，我给您搭配了这款××品牌的高保养深度补水的疗程。因为您的这些问题已经达到中度，所以我帮您搭配的是30次的小疗程。您现在做一次的效果就已经很明显了。前期要3—5天做一次，连续做5次后，您会发现您的皮肤将有非常明显的改善与提升。肤色会逐渐白皙润泽，眼周的细纹会慢慢减轻，法令纹的凹度会慢慢充盈，精气状态会越来越好，整个人也会显得越来越年轻。"

（3）成功案例分享，激发顾客对美的渴望

若做了以上两步后，顾客还在犹豫或说想回家看看一周后的效果，那么这个时候美业顾问就可以分享部分顾客的成功案例。分享成功案例的时候，要向顾客展示视觉冲击效果较强的对比图或短视频。

> 美业顾问："李女士，您看一下这张照片，照片中的××也是我的顾客，她的情况跟您比较像，但比您的更严重。您看这是

> ××开始护理前皮肤存在的问题（选出3—5个问题明显的地方加以说明）。这是她护理5次后的效果，您看一下，这个对比是不是很明显？可以看出效果非常好。
>
> "李女士，您比她的情况要好一些，相信效果会更明显，所以我也只帮您搭配了30次的小疗程。我相信，小疗程护理结束后，您眼周的细纹能淡化很多，法令纹会变得更浅，脸部轮廓会显得更立体，整个皮肤会变得更加细嫩，您会看起来更加年轻！"

顾客对美的渴望能够加速顾客做出购买决策，所以美业顾问要懂得在顾客抗拒时候分享成功案例，激发顾客对美的渴望。

（4）再次承诺，让顾客放心

无论顾客出于什么原因产生抗拒，最后美业顾问都可以通过再次承诺让顾客放心，从而进一步打消顾客的抗拒心理。

> 美业顾问："李女士，您可以完全放心，做完30次的小疗程后，我肯定会让你看起来更加年轻，皮肤状态更好！"

同样的道理，如果顾客的抗拒点是价格昂贵，那么美业顾问可以承诺"我保证这是我能给出的最优惠的价格"。总之，要尽可能通过一些可以实现的承诺让顾客放心，力争将顾客的抗拒转化为接受。

应对抗拒点其实并不难，明确顾客抗拒的原因并帮助顾客解决这个问题就可以。一般来说，为了更快速、高效地应对顾客的抗拒点，美业顾问应当提供不低于两个方案。方案越多，供顾客的选择就越多，顾客就越有可能放弃抗拒。

❽ 销售演练：从顾客分析到成交

成交是销售的最终目的，对顾客需求进行分析的最终目的也是促进成交。所以美业顾问在掌握顾客需求分析的相关方法后，还应将这些方法落入实处，展开演练，促进成交。

寒暄、赞美

寒暄、赞美可以令顾客心情愉悦，快速拉近美业顾问与顾客之间的距离，营造良好的销售氛围。寒暄、赞美是一件看起来很简单、人人都会的事情，但是想要促进成交，美业顾问还需应用一些技巧。

（1）寒暄的技巧

寒暄是见面时的问候、交流。为了进一步拉进与顾客之间的距离，美业顾问在与顾客寒暄时不能仅仅停留在简单的打招呼上，还应加入一些肢体语言与专业沟通，迅速让顾客感受到你的热情、亲近与专业。

> "×××，欢迎您到店！很久没有见面，我们非常想念您！来，我们坐这儿（手挽着顾客进行亲密接触）。今天天气很热（冷），您先喝口花茶歇一歇，稍后我帮您进行诊断，然后再为您安排今天的项目。"

（2）赞美的技巧

有效的赞美一定是具体的、投其所好的，所以美业顾问应认真倾听、观察顾客的一言一行，从中找到具体的内容进行赞美。切忌用干涩的语言和呆板的内容进行赞美，例如"××姐，你今天的衣服好漂亮，显得你好有气质……"，这样的赞美效果并不明显。

我们可以像下面这样表达。

> "您今天的这身衣服搭配得特别大气，让您整个人看起来超有气场，尤其是这副大耳环的搭配，让您把女性的妩媚和自己的个性非常好地融合在一块儿了，真是又美又飒。"

赞美越具体、越明确、越符合顾客的真实特点，就越能让顾客感受到你的真诚与用心，并因此感到开心与愉悦。

症状关怀，进行需求聚焦

通过寒暄、赞美，我们已经打开了话题，下面就可以切入正题，关怀顾客症状，并进行需求聚焦。美业顾问可以通过专业的询问问诊形式与顾客沟通症状。

（1）症状关怀

美业顾问可以通过一问一答的形式来关怀顾客的症状。

> 顾问："×××，您平常在家里都用什么品牌的护肤品呢？"
> 顾客："××、×××，我用得比较多的是××××（高端护肤品牌）。"（从这个信息可以判断顾客的消费实力较强，具备一定的保养意识，且注重产品的品质。）
> 顾问："您的保养观念真好。您平时除了在家护肤，也经常去

美容院做护理吗？"

顾客："不常去。"

顾问："如果去的话，您一般都会做哪些护理项目呢？"

顾客："做过超声刀、补水等。"

顾问："您多久做一次超声刀呢？"

顾客："半年做一次。"

（2）聚焦需求

通过关怀顾客的症状，对顾客的需求也有一个简单的了解。下面美业顾问可以通过进一步的互动，聚焦顾客的需求。

顾问："不知道您有没有发现一个问题，虽然您的皮肤很紧致，但是T区有些出油，而且毛孔粗大，黑头比较明显。"

顾客："是的。"

顾问："您有没有想过改善这些问题呢？"

顾客："有，但是不知道怎么去改善。"

顾问："我们家刚好有一个项目是专门针对您当前存在的这些问题的，而且效果非常好。我有好多顾客自己体验感觉效果不错后，还专门介绍他们的好朋友来我们店开卡做这个项目。"

关怀顾客的症状不仅能够让顾客感受到美业顾问的体贴、温暖，同时还可以帮助美业顾问了解顾客的需求，进而可以聚焦顾客需求，并为顾客推荐能满足其需求的项目。

症状分析，让顾客认同

症状分析的核心要点是美业顾问运用专业知识来分析问题产生的原因。只有进行专业的分析，才能获得顾客的认同，进而才能顺利推动接下来的工作。

> 顾问："T区出油可能是平时没有休息好或激素分泌不平衡导致的，毛孔粗大、黑头明显可能是皮肤缺水、清洁不到位等问题导致的。"
>
> 顾客："原来是这样。"

为顾客分析症状时一定要懂得运用专业知识，这样才能获得顾客的认同和信任。

确定问题，提出解决方案

对顾客的症状进行确定，进一步激发顾客的需求，然后顺势提出解决方案。

（1）确定问题

美业顾问可以通过罗列并分析顾客的一系列症状来确定最终的问题。例如，"脸部T区出油、毛孔粗大、黑头明显，这些问题的本质是皮肤清洁和代谢问题"。

（2）提出解决方案

当顾客迫切想知道如何才能解决这些问题时，美业顾问就可以顺利地提出解决方案。

> 顾问："针对您皮肤当前的这些问题，我建议您使用我们的××仪器（介绍仪器的功效），并进行3个阶段的治疗。
>
> 第一个阶段是疏通毛孔，打开皮肤的'通道'。一共10次，前3次每3天做一次，后面的5天做一次。
>
> 第二个阶段是深层补水。一共10次，前3次每3天做一次，后面的5天做一次，每天都要在家里敷面膜。
>
> 第三个阶段是补充营养。一共10次，前3次每3天做一次，后面5天做一次，每两天在家敷一次面膜。"

提出解决方案后，美业顾问可以进一步安排项目体验，打消顾客的顾虑，促进成交。

体验时，顾问可以安排美容师在房间内操作项目，同时要注意以下两个细节。

> ①顾问与美容师当着顾客的面进行交接。顾问和负责操作的美容师说："小兰，你今天帮助张女士操作×××项目，在操作中一定要侧重使用××××手法进行提拉，尤其要针对张女士面部的×××部位重点加强。在操作时要给张女士介绍一下我们这个护理仪器的原理，再分享一下我们顾客李姐的案例，让张女士多了解一下这个护理的功效。稍后做完半边脸我会进房间一起帮张女士做一下效果对比。"
>
> ②顾问向顾客介绍执行操作的美容师。顾问和顾客说："张女士，这次给您操作的是我们的美容师×××，她的护理手法非常

> 好。您有什么想知道的都可以问她，或者让她来叫我进去帮您解答。现在您可以跟随×××进房间去做项目。"

在房间内，美容师还可以与顾客展开深入沟通，关怀顾客症状，加强与顾客之间的联系，为后面的成交做铺垫。

效果对比，案例分享

在顾客体验项目的过程中和体验完成后，美容师可以通过效果对比并结合实际案例，进一步激发顾客的购买意愿。

（1）效果对比

效果对比是为了让顾客明显地看出使用前和使用后的效果差别。美容师在为顾客做体验项目时应注意三个问题：第一，建议在完成半边脸或半边身体的护理后进行左右对比；第二，做前做后都要进行对比；第三，要采用道具配合，如镜子、尺子、相机、秤等。

> 美容师："顾问，我刚刚帮×女士做完半边脸，效果非常明显！"
> 顾问："×女士，我帮您看一下效果。"
> 美容师："顾问，你看×女士这里的毛孔问题明显改善了，黑头也少了很多。"
> 顾问："是的，皮肤干净通透了很多。×女士，您可以用镜子看一下，这里的毛孔问题是不是明显改善了，黑头也少了。"
> 美容师："（与顾问互动，附和顾问的话）是的，×女士，效果很明显。"

效果对比越明显，越能激发顾客的购买意愿。

(2) 案例分享

成功的案例能在建立顾客信任的过程中起到不可替代的作用，所以美容师要善于通过分享案例，加强顾客信任，促进成交。

通常建议分享 2—3 个案例，案例要与顾客的症状相似，最好其中有一个案例与顾客的症状完全相同。

> "周女士，您做的这个深层清洁补水项目效果非常好，我们的顾客都非常喜欢这个项目，而且成功案例特别多。
>
> "我有一个顾客王姐，在没有做这个项目之前，皮肤的毛孔比您的还粗，黑头也非常多，已经成了严重的'草莓鼻'。经过我们设计的 3 个阶段的调理后，她的黑头明显少了，皮肤也变得非常水嫩。因此她的心情也变好了，整个人看上去非常自信。看到她现在的状态我们非常开心，因为能带给大家美丽与健康，是我们神圣的职责与使命。
>
> "所以，您就好好听从我们顾问的建议，放心地将您的皮肤交给我们吧。"

愿景描绘与疗程规划

案例分享激发了顾客想要改变的愿望之后，为顾客提供体验服务的美容师要结合顾客的实际问题来描绘愿景并做好疗程规划，给顾客营造一个美好的想达到的未来。这是销售中最重要的一个环节。

具体的愿景描绘与疗程规划可以按照以下两个步骤展开。

（1）愿景描绘

愿景描绘是指根据顾客的需求为其描绘未来所能达到的一种美好状态或图景。例如，顾客是一名财务人员，平时打扮比较简单、质朴，她希望可以打造一个更具魅力的形象。这个时候美业顾问或者美容师就可以根据顾客的需求进行愿景描绘，如给顾客看一些有魅力女士的形象照片，或者让顾客给出符合自己需求的照片，然后告知顾客，通过规划发型、身体、面部等方面的品项和疗程，可以帮助顾客实现愿景。

愿景描绘的目的是让顾客感知到症状的变化，预见预期效果，从而加强顾客对品项的信任，加速顾客的购买决策。为此，美业顾问在进行愿景描绘时要重点描绘症状改善后的情况，且要有画面感，让顾客能够深刻感知项目的预期效果。同时要注意的是，项目规划通常会分阶段进行，因此描绘愿景时也要分阶段进行。通常，第一个阶段要在项目体验刚结束时进行，第二个阶段要在前几次项目做完后进行，第三个阶段要在整个疗程结束后进行。这种分阶段循序渐进描绘愿景的方式，更能让顾客感知到症状的变化，从而加强顾客对项目的信任。

美业顾问/美容师："王女士，不对比可能感受不到效果，但是通过两边脸的对比您可以看见，效果真的非常明显。"

第一阶段描述："今天做完后项目后您是不是感觉皮肤清爽多了，感觉毛孔都在呼吸？"

第二阶段描述："大概做完 5 次，您的皮肤对产品的吸收效果会比现在强一倍，皮肤会越来越有光泽。"

第三阶段描述："王女士，等到您做完 10 次之后，您皮肤的毛孔会比现在小很多，黑头也会少很多。坚持做一段时间您将会看到皮肤如'瓷娃娃'一样光泽透亮，水嫩白皙。到时候我可以

> 再帮您做一下皮肤检测，通过与没做之前的检测结果对比，你可以看到皮肤状态明显改善了。"

（2）疗程规划

美容师在为顾客进行疗程规划的时候应注意：第一，根据顾客的经济承受能力、对效果的需求以及消费习惯进行规划疗程；第二，体现出优惠力度与性价比；第三，强调名额有限、机会难得。最重要的是，美容师在这个过程中要配合顾问，由顾问最终完成疗程规划的设计和确定。

疗程规划的铺垫

①**铺垫保养观念与疗程规划**。美容师："王女士，基于您当前的皮肤症状，我建议您一定要重视并及时调理。××项目不但可以帮助您改善皮肤出油、毛孔粗大、黑头多等问题，而且对您皮肤的黄气症状改善也有辅助性的效果。所以您一定要按照疗程进行调理。"

②**铺垫顾问设计疗程方案与优惠方案**。美容师："您如果想进行调理，一会儿我会请我们的顾问针对您的皮肤症状专门为您设计一套适合您的疗程方案。现在我们正好是在××活动期间，店院针对新会员给出的优惠力度特别大。但是名额有限，先到先得。优惠方案在我们顾问那里，一会儿我就请她进来给您讲一下优惠方案。"

前后台配合踢单

完成以上 6 个步骤，前期的准备铺垫工作也就做得差不多了，这个时候要做好临门一脚——踢单，这是推动和促进顾客成交非常关键的一步。

这一步需要前后台做好配合，具体应注意以下几点：第一，以顾问为主，美容师为辅；第二，控制好踢单的时间；第三，美容师与顾问之间要进行有效的、默契的配合。

核心要点：顾问进房间，美容师推崇顾问并传话给顾问。

美容师："顾问，刚才我给王女士做的××护理，王女士对效果非常满意。我建议王女士按照疗程进行调理。您再看看王女士的情况，并给她搭配一套适合她的疗程与优惠方案。"

顾问："好的。王女士，一般要达到清洁补水、净化黑头、缩小毛孔等效果需要 3 个月左右。因为皮肤的代谢周期是 28 天，而且随着年龄的增长，代谢会越来越慢。所以一般护理要 5—7 天做一次，连续做 3 个周期，大概 3 个月。

"如果要达到清洁补水、净化黑头，缩小毛孔并且能深层次地改善肤质肤色的效果，需要半年到一年左右的时间。这就像要把一杯浓咖啡变淡，只能不断地加水，咖啡的颜色才会变淡一样。当我们的皮肤暗黄没有光泽的时候，一定要不断通过深层补水护肤的方式把底层的黄气、色素代谢出来，这样效果才会更好。"

顾问要根据顾客的需求和消费实力确订规划方案。通常，按照顾客的消费实力可以将顾客分为 ABCD 四个等级。以营业规模 500 万元及以上的店为例，一般划分 ABCD 顾客等级的标准为：A 类顾客年度消费额达到 5 万元；B 类顾客年度消费额为 3—5 万元；C 类顾客年度消费额为 1—3 万元；D 类顾客年度消费额为 1 万元以下。

针对 A 类顾客：建议进行年度规划。根据顾客的面部、身体、体质等各方面的需求，帮助顾客制订系统、全面的护理疗程规划，系统性解决顾客存在的问题。

针对 B 类顾客：建议进行半年度规划。对顾客的需求进行排序，明确顾客当下最想解决的某些问题，然后根据这些问题来帮助顾客制订半年度护理规划。

C 类顾客和 D 类顾客：建议进行季度规划。通常聚焦顾客的局部问题，或者说顾客当下最想解决的某个问题，最想取得的结果，然后针对这些问题来帮助顾客制订短期的季度护理疗程规划。

> 顾问："（顾客为 A 类）王女士，为了达到您预期的效果，我帮您设计了一套系统的年度护理疗程规划。首先……"
>
> 顾客："我要考虑一下。"
>
> 顾问："您主要考虑的是效果、价格还是次数呢？"（然后根据顾客的抗拒点采取相应的应对措施）

针对顾问提出的方案，顾客可能会出现以下几种情况：第一，沉默，不讲话；第二，表示要回去考虑；第三，直接找理由拒绝；第四，对方案比较满意。前 3 种其实就是顾客产生了抗拒点，美业顾问可以采用本章第 7 节介绍的方法应对顾客的抗拒。

> ①针对顾客对方案不满意、不讲话的情况的处理方法。
>
> （核心要点：美容师一边帮助顾客操作项目，一边主动与顾客

进行沟通。）

美容师："王女士，您感觉我们顾问给您搭配的方案如何？您是担心效果还是觉得价格贵？无论是什么都没有关系，您都可以直接跟我说。我可以帮您反馈给我们的顾问，或者您可以直接告诉我们的顾问，我们可以帮您再设计一个更适合的方案。"

②针对顾客对方案犹豫不决的情况的处理方法。

（核心要点：美容师一定要配合、附和顾问，增强顾客的信心。）

美容师："王女士，我们的顾问非常专业，我觉得她给您设计的方案特别适合您。王女士，您放心，我也一定会为您做好服务，一定会呈现令您满意的效果。王女士，那您没有其他问题的话，我们就定这个疗程吧。"

从顾客分析到成交，其实就是通过沟通，一步步拉近与顾客之间的距离，聚焦顾客需求，并提供解决方案满足需求，最后争取成交的过程。这个过程中的任何一个环节都影响着最终的成交结果，所以美业顾问应认真对待每一个环节，并且和美容师做好配合。

如何做好顾客的跟踪与服务

做好顾客的跟踪与服务有利于与顾客建立长久、良好的关系，将顾客转化为忠实顾客，为店院的业绩打下坚实的基础。那么，美业顾问应如何做好顾客的跟踪与服务呢？

下面我们将顾客分为新顾客、老顾客两种，然后有针对性地介绍这两种顾客的跟踪与服务的技巧。

新顾客体验后的跟踪与服务

对体验过项目的新顾客进行跟踪与服务时应做好以下几点,如图 2-13 所示。

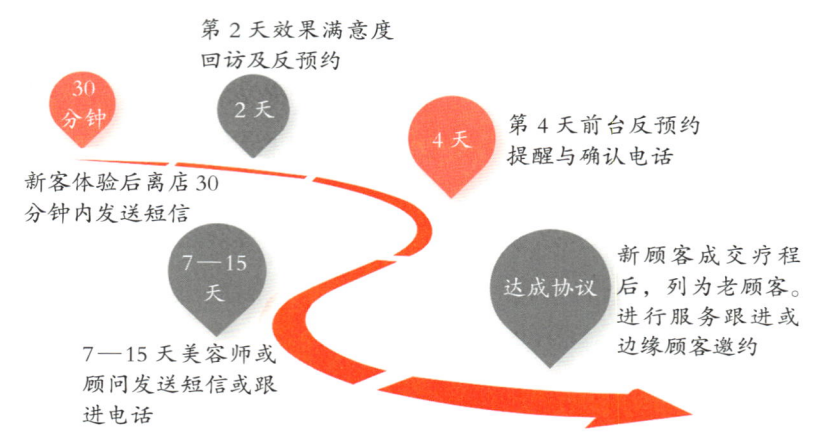

30 分钟:新客体验后离店 30 分钟内发送短信

2 天:第 2 天效果满意度回访及反预约

4 天:第 4 天前台反预约提醒与确认电话

7—15 天:7—15 天美容师或顾问发送短信或跟进电话

达成协议:新顾客成交疗程后,列为老顾客。进行服务跟进或边缘顾客邀约

图 2-13 新客体验后的跟踪与服务

为更好地跟进新顾客,美业顾问可以制作一张新顾客跟踪记录表,如表 2-4 所示。

表 2-4 新顾客跟踪记录表

（　　）月新顾客日跟踪记录表											
□转介绍　□美团　□抖音　□礼卡　□沙龙会　□路过　□其他											
序号	日期	来店渠道	姓名	电话	咨询内容	体验项目	付定金	成交	需再预约	美容师或顾问	美容师沟通记录与总结	回访情况与调整事项	后期成交情况

做好新顾客体验后的跟踪与服务的目的是让新顾客能成为店院的会员,并能产生传播与转介绍的作用。

老顾客的跟踪与服务

西方营销专家及各大企业的经验表明:争取一个新顾客的成本是留住一个老顾客的 5 倍,而一个老顾客贡献的利润是新顾客的 16 倍。因此,美业顾问还应认真做好老顾客的跟踪与服务。

对老顾客进行跟踪与服务应做好以下几点,如图 2-14 所示。

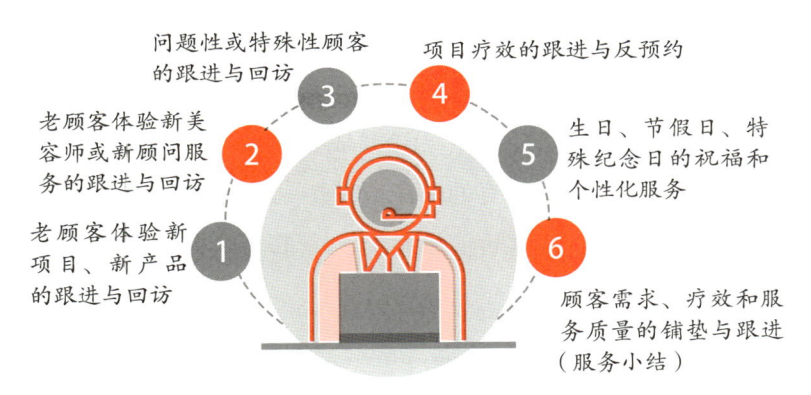

图 2-14 老顾客的跟踪与服务

为了更好地做好老顾客的跟踪与服务,美业顾问应制订相应的表格,如顾客跟踪回访表、顾客沟通记录表等,如表 2-5、表 2-6 所示。

表 2-5 顾客跟踪回访表

顾客跟踪回访表								
日期	顾客姓名	顾客类型	护理项目	回访重点	回访结果	美容师	回访顾问	

表 2-6　顾客沟通记录表

顾客沟通记录表								
护理时间	护理项目	余额及次数	本次顾客需要加强的部位和效果变化	已铺垫的项目或卡种	顾客的反应或抗拒点	达成共识	美容师	顾问批阅与下次定向

老顾客是店院的核心竞争优势，对老顾客进行跟踪与服务，便于进一步挖掘老顾客的价值，不断提升店院的核心竞争力。

无论是新顾客还是老顾客，无论是成交的顾客还是未成交的顾客，美业顾问都应当认真做好顾客的跟踪与服务，致力将每一位顾客都变成店院的忠实顾客，实现顾客价值最大化。

第 3 章

技巧跃进：业绩倍增的 12 个技巧

店院经营的最终目的是创造业绩，实现增收。所以，美业顾问不能脱离业绩谈工作，而应该始终以业绩目标和结果为导向，帮助店院实现业绩倍增的目标。

❶ 始终以目标与结果为导向

以目标与结果为导向强调以终为始，要求在经营管理和日常工作中表现出来的行为、能力都要符合目标与结果的要求。店院经营的最终目的就是实现战略目标，达成理想的战略成果，所以美业顾问要始终以目标与结果为导向开展工作。

目标设置 SMART 原则

始终以目标与结果为导向的前提是设置有效的目标。有效的目标应遵循 SMART 原则，如图 3-1 所示。

明确的 Specific　可衡量的 Measurable　可达成的 Attainable　相关的 Relevant　时间性 Time-bound

图 3-1　目标的 SMART 原则

（1）S（Specific）：具体的

指目标必须是具体的，如每月开拓 10 名新客户。

（2）M（Measurable）：可衡量的

目标必须是可以衡量的，有明确的判断标准，如每月达成 5 万元的业绩。

（3）A（Attainable）：可达成的

目标必须是通过努力可以达到的。目标太低没有挑战性，目标太高容易导致员工失去积极性。例如，某顾问每月能完成 10 万元的业绩，但在无营销活动且无资源支持的情况下，定了 20 万元的业绩目标。这个目标很难达成，属于无效目标。

（4）R（Relevant）：相关的

目标必须与其他目标或本职工作具有一定的相关性。例如，美业顾问制定的目标是"每天花 1 个小时学习销售沟通的课程"，这个目标就与本职工作相关。

（5）T（Time-bound）：时间性

目标必须有时间限制。例如，美业顾问设置的目标是"2023 年 12 月 20 日之前完成 ×× 工作任务"，2023 年 12 月 20 日之前就是一个明确的时间限制。没有时间限制的目标很容易让人产生拖延心理，影响目标的完成进度。

运用 SMART 原则便于美业顾问为店院搭建科学的目标体系，设置清晰合理的目标，利于员工明确高效地工作，也便于对员工的工作进行科学、合理的考核。

目标设置与执行六步骤

明确了有效目标的 SMART 原则后，美业顾问还应了解设置与执行店院目标的步骤，促进目标落入实地。

目标设置与执行通常分为6个步骤。

（1）目标设置

通常建议设置两类目标：保底目标与挑战目标，并与团队达成共识。保底目标是指员工通过一定的努力可以达到的目标，作用是让团队有方向、有动力；挑战目标是需要员工非常努力才能达到的目标。挑战目标一定要高于保底目标，作用是让团队有激情、有突破。

（2）执行计划与实施步骤

根据目标来制订计划，并将计划细分为可执行的步骤。通常，一个完善的计划应包括行动步骤、时间、责任人、资源需求等内容。因此，美业顾问还应根据具体的计划来分配资源，确保资源的合理利用。

（3）目标论证与目标分解

对目标进行可实现性论证，并把总目标分解成若干阶段目标，落实到门店、小组及个人身上。

（4）目标执行与推进

按照既定计划展开行动，推进目标实施的进度，促成目标实现。

（5）目标滚动调整

根据不同阶段目标达成的实际结果对目标进行滚动调整，便于实现目标。

（6）目标达成

以最终的实际结果来衡量目标是否达成。无论目标是否达成，都要对结果进行分析和评估，并制订下一步的改进计划。

月度目标计划

为了促进计划落入实地,顺利达成目标,美业顾问应制订月度目标计划。设置月度目标计划通常分为以下几个步骤。

(1)分解月度各项指标,论证每一个品项的支撑性与业绩可达成性。

(2)根据每个品项的销售情况及营销活动制订详细的销售执行计划。

(3)将目标按照月度业绩八大构成要素进行设置与分解,如表1-1所示。

(4)将目标分解到店、组、顾客的头上,统计人数与额度并进行反复论证。

(5)每组指标都要设置两类目标:保底目标与挑战目标,如表3-1所示。

表3-1 月度各品牌目标设置表

序号	店名	××品牌			××品牌			××品牌			合计		
		普及人数	保底额度	挑战额度	普及人数	保底额度	挑战额度	普及人数	保底额度	挑战额度	合计普及人数	合计保底额度	合计挑战额度
1													
2													
3													
4													
5													
6													
合计													

(   )月各品牌目标设置

(6)月度目标设置好以后,为了让大家迅速产生结果,同时还要设置一个24小时与72小时的阶段性目标,如表3-2所示。

表 3-2　24 小时、72 小时目标设置表

序号	店名	24 小时目标人数	24 小时目标额度	72 小时目标人数	72 小时目标额度
1					
2					
3					
4					
5					
6					
合计					

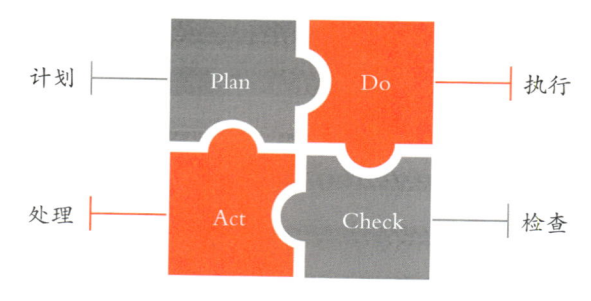

❷ PDCA 循环工作法

PDCA 循环是知名的质量管理专家沃特·休哈特（Walter A.Shewhart）首先提出的，由戴明采纳、宣传，获得普及，所以也称为"戴明环"。PDCA 循环是管理学中的一个通用模型。

PDCA 循环将质量管理分为 Plan（计划）、Do（执行）、Check（检查）和 Act（处理）4 个阶段，如图 3-2 所示。

图 3-2　PDCA 循环工作法

PDCA循环具体是指各项工作按照制订计划、执行计划、检查实施效果，然后对成功的经验加以肯定并纳入工作标准，对失败的经历进行总结并将未解决的问题或新的问题放入下一个循环去解决的工作方法。该方法能够帮助人们解决工作中存在的问题，提升工作效率，所以被广泛运用于各个领域的工作中。

美业顾问同样可以采用PDCA循环工作法来帮助自己形成良好的工作习惯，并提升工作效率。

Plan（计划）

制订计划比执行计划更重要。如果制订的计划无效，那么执行计划就变成了无用功。美业顾问可以按照以下3个步骤制订计划。

（1）确定目标

确定自己想要达到什么样的目标，或者想要解决哪些问题。例如，在本月的月度技术考核中要求自己达到80分以上。

（2）确定为了达成目标需要采取什么措施

对措施的描述越具体越利于达成目标。例如，为了达成"在本月的月度技术考核中达到80分以上"的目标，应采取的措施是每天晚上下班后留下来练习1个小时。

（3）确定计划的关键节点和完成标准

计划的执行与实现不可能一蹴而就，它需要分阶段一步一步来实现。所以在实现目标的过程中要有时间节点与关键事项的要求，同时对任务的完成要有明确的标准。例如，围绕"月度技术考核中达到80分以上"的目标，采取的措施是每天晚上下班后练习1个小时。其中的时间节点就要根据考核的具体要求，计划每天的 1 小时应该练习哪些具体的技术手法。假设技术手法有 20 个动作，那么你可以每 5 个动作就设置一个检查与强化的时间节点，20 个动作都完成那天就是非常关键的事项。完成标准就是月度技术考核得到 80 分及以上的成绩，考核之前可以通过模拟考核来了解自己的水平现状，只有高于 80 分才有可能在正式考核时达到这个标准。

Do（执行）

计划是用来执行的，否则就是纸上谈兵。执行计划就是将计划中的措施转化为具体的行动，这里可以理解为执行计划中的后面两步，即为了达成目标需要采取什么措施，严格按照计划的关键节点和完成标准来执行。

执行阶段除了要按照计划和方案实施外，还必须对整个过程进行监督、跟进，确保工作能够按照计划进度实施。

Check（检查）

根据时间节点检查阶段性的成果，清楚哪些地方做得对，哪些地方做得不对。这个环节的重点工作是明确效果，找出问题以及拿出解决方案，以便于接下来的持续行动。

Act（处理）

行动是指对检查的结果进行处理。通常会遇到以下 3 种结果，对不同的结果应采取不同的行动。

（1）没有按照计划执行的项目

对于这类项目应解决阻碍计划执行的问题，然后再次执行。

（2）虽然按照计划执行了，但是没有取得成果的项目

对于这类项目应重新修正计划，明确标准，然后再次执行。

（3）按照计划执行并取得了圆满成果的项目

对于这类项目应总结取得成果的原因，并予以标准化。

为了便于美业顾问在工作中更好地运用 PDCA 工作循环法，建议制订一张 PDCA 管理表格，记录其中的每一个工作环节，如表 3-3 所示。

表 3-3　PDCA 管理表格

目标	主要措施	达成基准		Do（实施）		Check（检查）	Act（处理）
		时间节点	关键事项	成果	评价	差异分析	今后的调整措施

为了帮助美业顾问进一步理解 PDCA 循环工作法，并掌握如何在工作中运用该方法，下面我们分享一个运用 PDCA 循环工作法的实际案例。

> A 店院的面积是 800 平方米，年度营业额为 800 万元，现有员工 12 人。2023 年 5 月的日均客流量为 23 人，年度日均客流

量目标为30人。店长为了提高客流量，采取了一些措施和方法，并实行了一个月。方法实施后，6月的日均客流量提升到了26人，离目标还差4人。因此，店长组织团队开会，对取得的成果进行分析总结，并讨论7月该如何做才能把日均客流提升到30人。

6月采取的措施如下：

1. 每周打一通电话，发送两条信息给顾客。
2. 凡是到店的顾客都赠送体验项目。
3. 顾客到店做护理时，在房间内进行反预约。

6月的实际执行情况如下：

1. 并没有按时打电话、发信息给每一位顾客，而且很多顾客不接听电话，也不回复信息。
2. 因为每个月都会赠送项目给顾客，所以顾客对"凡到店的顾客都赠送体验项目"这个活动的兴趣不大，无法吸引顾客到店。
3. 只要顾客到店，基本上都会在房间内进行反预约，而且在房间内就预约的顾客爽约率比较低。

PDCA循环法的本质是聚焦当前现状中存在的问题，然后不断地解决问题，检查过程，优化工作，达到目标。对于美业顾问来说，运用好PDCA循环工作法能够很好地提高工作效率，提升个人生产力。

下面我们可以运用PDCA循环法来分析A店院在2023年6月的工作执行情况，并做出可行性方案的调整，如表3-4所示。表3-4就是一个比较完善的PDCA工作循环，美业顾问可以参考学习。

表 3-4　A 店院 2023 年 6 月的 PDCA 管理表格

目标	Plan（计划）			Do（实施）		Check（检查）	Act（处理）
^	主要措施	达成基准		成果	评价	差异分析	今后的调整措施
^	^	时间节点	关键事项	^	^	^	^
日均客流量提升到30人	发信息，打电话	每周	1个电话/每周 2条信息/每周	日均客流量26人	86.7% 没有达标	并没有按时给顾客打电话、发信息，而且很多顾客不接电话，也不回复信息	1.店长每日检查反预约的情况，并签名确认 2.强化沟通训练，店长和顾问在一旁指导
^	凡是到店的顾客都赠送体验项目	顾客到店时	赠送艾灸包/头疗	每天都实施	已完成	只要顾客到店就赠送了体验项目，但很多顾客对这个活动的兴趣不大，很难吸引顾客进店	创新营销活动方式，如可以到店抽盲盒
^	顾客到店护理时，在房间内进行反预约	顾客护理时	进行至少一次反预约	每天都实施	已完成	只要顾客进店做护理，基本都会做反预约，而且在房间内进行预约的顾客要约率比较低	美容师及时反馈反预约的情况，前台再次确认

❸ FABE 产品销售沟通模型

作为美业顾问,在工作中可能会遇到以下这些情景。

> 当你向顾客介绍项目时,顾客说再考虑考虑。
> 当你信心满满地认为这个项目一定能给顾客带来很大的帮助时,顾客却说没有时间。
> 当你把项目价格报给顾客时,顾客却认为价格太贵。
> 当顾客没有感受到项目的价值时,即便赠送项目给顾客,他们也不要。

如何解决这些问题,实现快速成交呢?对于这些情况,美业顾问应善于运用 FABE 产品销售沟通模型。

FABE 产品销售沟通模型是非常典型的利益推销法,而且是非常具体的、具有高度可操作性的利益推销法。它通过 4 个关键环节,极为巧妙地处理好了顾客关心的问题,从而顺利地实现产品的销售。

FABE 产品销售沟通模型的具体内容如图 3-3 所示。

F	特性 Features	这是什么? 最基本的功能、特质、属性
A	优势 Advantages	它是做什么的? 能发挥的优势
B	利益 Benefits	顾客拥有后会怎么样? 能给顾客带来的利益和好处
E	证据 Evidence	如何演示、证明? 各类证书、榜样示范、体验

图 3-3 FABE 产品销售沟通模型

F（Features）：特性

F 代表项目的特性，包括项目的基本功能、特质、属性等。特性，顾名思义是项目独有的，因此美业顾问不仅要了解项目的常规功能，还要深入挖掘项目的潜质，找到项目的差异点，做到"人无我有""人有我优"，从而提升项目的竞争力。美业顾问可以从项目的品牌、原产地、材料、工艺等方面去挖掘产品的特性。

> ×××品牌拥有世界上领先的技术，沉淀 14 年，坚持做原装进口的先进仪器，坚持做正品光电，是正品光电仪器的龙头品牌和良心企业。"×珍珠肌"是 ××× 的王牌项目，应用微电流和水电泳技术，有效将活性成分导入汗腺与细胞间的通道并渗透至皮下组织，达到中胚层，给细胞营养的补充增加一个有效途径。它是完全可以替代"传统美塑"的高科技美容技术。

当我们让顾客看到了令他们意外的项目特性时，下一步的工作就更容易展开。

A（Advantages）：优势

A 代表项目的优势，即所列的项目特性（F）是做什么的，能发挥什么样的优势。项目的优势越多，越能吸引顾客。

> "×珍珠肌"可以为皮肤底层松解筋膜，缓解劳损，轻松解决面部晦暗无光泽、干燥缺水、皮肤炎症等问题，帮助皮肤排出荧光剂、铅汞重金属垃圾，恢复清透、湿润、紧致、白皙的肌肤。

> "×珍珠肌"还可以加速皮肤的组织得到发育，促进胶原蛋白和弹性纤维的生成，使皮肤变得细嫩柔软、清新自然、富有弹性和光泽、充满活力。
>
> 与市面上的同类美容仪相比，"×珍珠肌"的突出优势是性价比高、操作简单，小巧精致、携带方便。无论我们是在家还是出差，都能轻松实现"轻医美"项目。而且，"×珍珠肌"还可以以旧换新，终身免费质保。

在介绍项目的优势时可以直接阐述，也可以通过与同类产品相比来阐述本项目的优势，例如，"与市面上的同类项目相比，如×项目，我们家这款项目的优势是……它的成分更安全、更……"总之，要尽可能凸显项目独特的优势。

B（Benefits）：利益

B代表能给客户带来的利益，即所列的项目的优势（A）能给顾客带来哪些利益和好处。通过强调顾客能获得的利益和好处，进一步激发顾客的购买意愿。

> "××女士，我知道您一直很关注皮肤黯淡、敏感等问题，并且期待性价比更高的护理项目。那么，我们主打的这款'×珍珠肌'项目就特别适合您。做一次这个项目，当下就能改善皮肤亮度和表浅纹理问题，还能强效补水；护理3—5次的效果是真皮层细胞激活再生，皮肤变得透亮红润，从此告别敏感肌的束缚。一直坚持护理，可以让皮肤保持青春态，细胞充盈饱满有活力，看上去比同龄人更显年轻。"

E（Evidence）：证据

E代表证据，包括顾客体验项目前后的效果对比、现场演示、照片、顾客反馈、技术报告等。这些证据主要是为了印证上面的一系列介绍，进一步打消顾客的顾虑，加强顾客对项目的信任，促进成交。

通常我们建议用案例作为证据，因为案例更具有说服力。美业顾问可以分享1—2个案例，建议用症状、需求相似的案例。美业顾问分享案例时可以按照以下几个步骤展开。

（1）原来的症状

介绍案例中的顾客原来有哪些症状，描述要具体、有画面感。例如，"×顾客的面部肌肤看起来非常干燥、松弛、粗糙，没有任何光泽，上妆时卡粉现象严重"。

（2）目前的结果

描述顾客做完项目后的结果。描述时要对应原来的症状，要具体、有画面感。例如，"×顾客原来的面部肌肤看起来非常干燥、松弛、粗糙，没有任何光泽。做了一个疗程的×项目后肌肤状态明显改善了，现在的肌肤很水润、紧致了很多，上妆也更加贴合"。

（3）原因分析

例如，"肌肤之所以会出现干燥、松弛、粗糙等问题，主要是因为肌肤缺水，没有做好深层的补水、保湿工作，以及……"。

（4）顾客情况对比

例如，"×顾客跟你的肌肤症状非常相似，你们都属于敏感肌、干性皮肤……"。

（5）护理建议

顺理成章地给出解决问题的方案，介绍项目组合和疗程规划。例如，"我们的 × 项目刚好是针对这些问题开展的，建议您先做 3 个疗程，然后……"。

概括来说，FABE 产品销售沟通模型执行的关键就是明确产品或项目能够给顾客带来什么利益。只有当顾客接收到这个信息并感兴趣后，你再详细阐述产品或项目的特点、优势，并做一系列的案例说明，顾客才能真正听进去。通过这 4 个销售环节，可以解答顾客在消费过程中的一些基本诉求，证实项目可以给顾客带来的利益，巧妙处理好顾客关心的问题，从而顺利达成销售目标。

❹ AIDA 销售法

AIDA 销售法，又称"爱达"公式，是由知名的广告学家 E.S. 路易斯（E. S. Lewis）提出的，是西方推销学中的一个重要公式。AIDA 的内容如下。

A（Attention）：吸引注意；

I（Interest）：引发兴趣；

D（Desire）：激发意愿；

A（Action）：促使行动。

AIDA 的具体含义是指，一个成功的推销员必须把顾客的注意力吸引或转移到产品上，使顾客对推销员所推销的产品产生兴趣。这样就可以激发顾客的购买意愿，然后促使顾客产生沟通行为，最终达成交易。

A（Attention）：吸引注意

面对顾客进行销售时，美业顾问首先要做的就是吸引顾客的注意。美业顾问要将顾客的注意力集中到自己所做的每一个动作、每一句话上。

> 某美容会所准备举行一场主题为"春暖花开，为美而来"的文化节活动，店内特意精心布置了一番，花团锦簇的布展、漂亮的地贴和悬挂的吊旗，让人眼前一亮。店内员工均穿着白色上衣、粉色百褶裙。顾客一进门，美容师立即为顾客递上一枝鲜花，引起了顾客的注意和兴趣。

在店院现场，通常布置特别的影像区、优雅质感的产品或赠品陈列区、网红打卡区、特别的员工穿着以及令人惊喜的进门小礼物等，会比较容易吸引顾客的注意力。

I（Interest）：引发兴趣

吸引了顾客的注意力并不意味着顾客一定会对你推荐的项目感兴趣。如果没有兴趣，他们便不会继续听下去，销售也很难成功。因此，吸引顾客的注意力后，下一步要做的是采取一些措施来引发顾客的兴趣，强化顾客的认同感。

> "春暖花开，为美而来"活动正在进行中。美业顾问将顾客带到签名墙前邀请签名，借此机会向顾客表示多年来的感谢之情，以及企业举办文化节的初心，并介绍本次活动的主题和福利。

要想引发顾客的兴趣，其实就是要告诉顾客我们可以给她提供什么，为她带来哪些价值和利益。

"引发兴趣"是销售的第二个阶段，它与销售的第一个阶段"吸引注意"是相辅相成、相互依赖的关系。先要引起顾客的注意，在此基础上才能引起顾客的兴趣。顾客产生了兴趣，注意力才会越来越集中。

D（Desire）：激发意愿

当顾客的兴趣被激发起来时，我们要立即采取行动来激发顾客消费的意愿，这是销售的关键环节。

> "春暖花开，为美而来"活动期间，只要会员到店就送"春日来信"神秘奖券。顾客跃跃欲试抽大奖，最终抽中了项目体验券及活动现金券。美业顾问还通过给顾客讲解案例，讲解与顾客需求相关的案例和效果对比图，激发了顾客想去尝试项目的意愿。

要想激发顾客的意愿，不仅要告诉顾客我们可以提供哪些价值，还要重点强调，我们可以满足顾客的哪些需求，解决顾客哪些方面的问题。

A（Action）：促使行动

销售的最终目的是促成顾客的购买行动，所以 AIDA 销售法的前 3 个阶段都是在为第 4 阶段做铺垫。

> 顾客体验完项目后，美业顾问通过效果对比、案例分享，再加上美容师的专业用心服务与店院环境的场景感，大大提升了顾客的体验感。在这个基础上，顾问向顾客介绍活动优惠方案，并且告知顾客抽中的现金券今日即可使用等。这样做让顾客一方面觉得项目很适合自己，就是自己想要的、能帮助自己解决问题的项目；另一方面又觉得活动非常有诱惑力，激发想参与的渴望。这样一来，能让顾客马上开心地成交。

销售工作中，美业顾问可以通过以下几种方式来促使顾客行动。

（1）假设顾客要买

用"假设顾客要买"的心态跟顾客说话，能够加强美业顾问说话的力量。例如"您看的这个项目非常适合您，能够有效解决您当前的一些问题，价格是988元"。顾问说话有力度，能够增强顾客对项目的信心，促进顾客的购买行为。

（2）案例分享、效果对比

通过分享与顾客的问题相似度比较大的案例，并进行效果对比，让顾客看到效果，促使顾客行动。

（3）突出优惠价格、福利

优惠的价格是促使顾客采取行动的关键因素，所以在最后的关键时刻，美业顾问可以通过突出优惠价格或一些福利来促使顾客采取行动。

AIDA销售法的核心，是根据消费者心理进行整个销售环节的设计，必须要让顾客产生想要的渴望，从而让成交环节变得高效并顺利。

❺ 新顾客一度咨询与诊断技巧

新顾客一度咨询与诊断是指在顾客没有体验项目之前，对顾客基本情况的了解和需求的诊断。对新顾客进行一度咨询与诊断主要有以下几个目的，如图3-4所示。

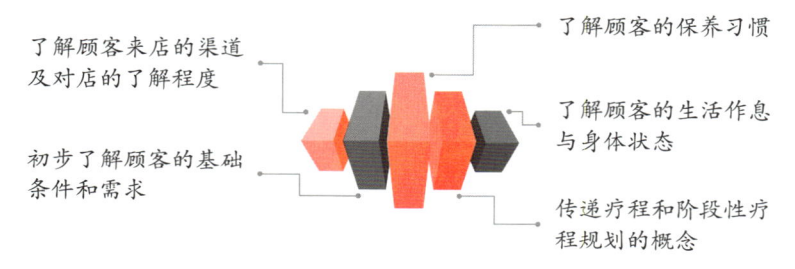

图3-4 新顾客一度咨询与诊断的目的

（1）了解顾客来店的渠道及对店院的了解程度

例如，顾客通过介绍来店，对店院有一定的了解与信任。

（2）初步了解顾客的基础条件和需求

例如，顾客的皮肤状态还可以，想做一些基础的保养项目，而且顾客在保养上非常舍得投入时间和费用，在乎品质感。

（3）了解顾客的保养习惯

例如，顾客每周要做一次面部保养。

（4）了解顾客的生活作息与身体状态

例如，顾客的工作非常忙，身体状态不是很好，一方面急需调养，另一方面因工作忙碌、个人时间比较紧张，没有时间调养身体。

（5）传递疗程和阶段性疗程规划的概念

例如，"这些问题都可以配合项目进行疗程护理，具体我们会根据您的实际问题进行疗程规划"。

总结来说，对新顾客进行一度咨询与诊断的最终目的是聚焦顾客需求，为后面的成交做好铺垫工作。在对新顾客进行一度咨询与诊断之前，首先要准备好新顾客咨询与诊断表，记录顾客信息，也便于后续对顾客进行跟踪与服务。

新顾客咨询与诊断表可分为面部档案和身体档案两类，可参考后页的表 3-5、表 3-6。

准备好咨询与诊断表后，顾问可以按照以下 11 个步骤展开对新顾客的一度咨询与诊断。

填表前的沟通

在顾客填表前，美业顾问可以与顾客进行沟通，拉近彼此之间的距离。

> 顾问："您好，我是××美容会所的小燕，很高兴为您服务，请问怎么称呼您？"
>
> 顾客："我姓李。"
>
> 顾问："李女士您好，非常高兴认识您。这边坐，这是春季养生的花茶，请品尝。请问您是想了解面部还是身体方面的项目呢？"
>
> 顾客："想了解一下面部的。"

表 3-5 顾客档案（面部）表

顾客档案（面部）表

客户编号：_____

姓名		出生日期		身高		血型		子女	人
职业		联系方式		婚否		诊断时间			

疼痛所在位置	
疼痛的性质	□酸痛 □胀痛 □刺痛 □麻木感
肤色	□红润 □苍白 □潮红 □偏黄 □晦暗
皮肤性质	□干性 □中性 □油性 □混合性
毛孔情况	□细腻 □一般 □扩大
皮肤敏感度	□低 □中 □高
眼部的状态	□黑眼圈 □细纹 □皱纹 □浮肿 □脂肪粒
面部皮肤状况	□弹性好、无皱纹 □细纹 □普通 □皱纹 □松弛
现有皮肤问题	□暗疮× □暗疮印+ □色斑△ □毛孔粗大◇ □脱屑∞ □疤痕# □干纹～ □皱纹≈ □过敏★ □毛细血管扩张¤
最想解决的问题	
体验项目	建议搭配疗程
需加强的部位	

顾问建议	护理建议		家居建议	
	第一阶段		第一阶段：	
	第二阶段		第二阶段：	
	第三阶段		第三阶段：	

顾客签名：

第3章 / 117
技巧跃进：业绩倍增的12个技巧

表3-6 顾客档案（身体）表

顾客档案（身体）表

姓名		年龄		生日		血型		婚姻状况		电话	
咨询日期							护理状态		经常	偶尔	未曾
地址											
E-Mail											

身体症状

肩颈		胸部		手臂	
背		腹部		大腿	
腰		臀部		小腿	
其他症状					

引起问题的原因：

最想解决的问题：

体验项目		需加强部位	

护理建议 饮食及其他建议

第一阶段		饮食	
第二阶段		睡眠及运动	
第三阶段		其他	

> 顾问："请问面部最困扰您的是哪方面呢（最想改善、解决的是什么症状）？"
>
> 顾客："面部补水、保湿。"
>
> 顾问："看您的皮肤状态还不错，一定是平时比较注重保养。肉眼看上去您属于混合性皮肤，脸颊比较干，眼部的细纹比较明显；T区的油脂分泌旺盛，有黑头、粉刺。这些问题您平时有注意到吗？您可以拿镜子再看看（给顾客递镜子）。"
>
> 顾问："李女士，稍后我会帮您做一个专业的皮肤检测，然后根据测试结果为您设计护理方案。麻烦您先帮我填写一下这张咨询表。"

概括来说，填表前的沟通流程是自我介绍、询问顾客姓名、询问顾客想了解的项目、确定顾客的需求、请顾客填写表格。这只是一个基本的流程，美业顾问还应根据实际情况随机应变。此外要注意的是，美业顾问在沟通中一定要面带微笑，语气要温和，否则沟通很难顺利进行，更无法获取顾客的有效信息。

填表时的沟通

在顾客填表时，美业顾问也可以根据实际情况展开沟通，进一步加强与顾客之间的情感链接。

> 顾问："您的全名是李飞吗？这个名字很有力量。您是1985年生的，但看上去比实际年龄要年轻很多。您是怎么知道我们会所的呢？"

顾客："我自己过来的／朋友介绍的／看广告过来的。"

顾问："您住附近吗？／您的朋友也是我们的会员吗？方便告诉我吗？／是的，我们连锁店最近在做店内特色项目的体验宣传。"

顾问："您这边再帮我们填写一下地址，我们经常会有一些美容资讯或活动邀请函，到时候可以邮寄给您。"

顾问："××路2号电网宿舍，这里可以收到信件，是吗？"

顾客："是的。"

顾问："您住的地方离我们会所很近，交通很方便。您是开车过来的吗？这个时间不堵车吧？"

顾客："是的，我开车过来的，很方便。"

概括来说，填表时的沟通流程是问出顾客全名、出生年月、家庭地址、邮箱地址、电话号码、来电途径。这个流程也不固定，美业顾问可以根据顾客填写的资料灵活地展开沟通。

介绍皮肤测试仪

为了展示专业性，加强顾客对店院、对项目的信任，美业顾问应采用皮肤测试仪帮助顾客检测皮肤问题。检测之前，美业顾问应详细向顾客介绍皮肤测试仪。

顾问："李女士，您之前做过类似的皮肤测试吗？"

顾客："有做过／没有。"

顾问："请问您是在商场专柜还是在其他美容院做的呢？"

顾客："在其他美容院。"

> 顾问："李女士，您一般在美容会所做什么项目呢？"
> 顾客："面部和身体都会做。"
> 顾问："李女士，我先给你介绍一下我们这台皮肤测试仪。它是原装进口最新一代的××检测仪，利用多光谱成像理论，2800W高清拍摄，运用人工智能技术，科学分析皮肤问题。它可以全面精准地解读肌肤的真实状态，如分析表皮层的皮脂、毛孔、色斑、皱纹等，真皮层的色素、胶原纤维情况。同时还能根据皮肤诊断进行肌肤预测，预测出皮肤未来的发展趋势。"

介绍仪器的时候一定要突出仪器的优势，比如××先进技术，优势越突出，越能吸引顾客，增强顾客的信任感。

检测皮肤

检测皮肤的时候，美业顾问应详细告知顾客检测时有哪些注意事项，让顾客感受到你的体贴。同时，美业顾问要带着顾客一起查看检测结果，让顾客直观地看到自己皮肤存在的问题。

> 顾问："我先对检测仪进行消毒。"
> 顾问："检测过程仅需15秒。您把头伸进去，下巴放在托槽上，然后听我指令就可以。"
> 顾问："李女士，全程需要闭上眼睛。现在拍正面，向右转动我们拍一下侧面，好了再向左边侧一下。可以了，李女士您可以出来了。"
> 顾问："我们来看看日化图。这张图主要是看肉眼下皮肤最真实的状态。您看，脸颊和额头部位比较干，这是您刚开始提到的

问题。您再看，这里有很多细小的干纹，额头的角质层比较厚，肤色晦暗。颧骨处有色素斑的沉淀，真皮层色素呈片状，表皮已经显现出来了。而且颧骨处的皮肤偏薄，再不注意的话，表皮的斑点会越来越明显。"

顾问："您平时有熬夜的习惯吗？通常几点钟睡呢？"

顾客："我睡的比较晚。"

顾问："平时睡眠质量如何？有没有失眠、多梦、易醒等问题？"

顾客："有时候会失眠、易醒。"

顾问："您的月经来的准时吗？"

顾客："不是特别准。"

顾问："来月经前有没有胸胀、腰酸、腹痛等经前综合征？"

顾客："有的。"

顾问："因为睡眠质量不好会造成肝胆代谢紊乱，进而容易导致肤色晦暗、长斑、内分泌等问题。"

画图

对照顾客的症状，美业顾问可以为顾客画皮肤图，进一步明示顾客皮肤存在的问题。

顾问："李女士，检测后我帮您对症画一下皮肤图。您的皮肤基底细胞与原始肤色非常好，但是因为身体和外在护理的疏忽，您的皮肤目前存在三大问题。

第一个问题是T区油脂分泌旺盛，毛孔粗大，甚至有很多隐性炎症；

第二个问题是两颊皮肤缺水，皮肤有隐形的干纹；

第三个问题是真皮层色素沉淀，再不保养就会形成色斑。

这些问题主要是由于您的皮肤代谢能力弱，水油不平衡。这些问题再不解决就会越来越严重。"

聚焦需求

当顾客清楚自己存在的问题后，美业顾问可以聚焦顾客需求，激发顾客的购买意愿。

顾问："李女士，针对您面部皮肤当前的这三个主要问题，您目前最想改善调理的是哪一个问题呢？"

顾客："脸颊皮肤干燥。"

顾问："我个人也觉得您的皮肤迫切需要解决缺水的问题。"

阶段性的疗程搭配

针对顾客存在的问题，美业顾问可为其设计阶段性的疗程搭配。

顾问："我们××会所的面部护理非常专业，针对您的情况我们会分阶段、分区域进行调理。

第一个阶段是深层清洁加补水，重点在于T区清洁和U区补水。

第二个阶段是修复皮脂膜,锁水加补充营养。

第三个阶段是还原肤色,加强皮肤代谢。

为了达到让您满意的效果,这三个阶段都需要您的配合,您能配合好时间到店吧?"

搭配最适合的护理项目和疗程

根据顾客的症状,美业顾问可为顾客搭配当前最合适的项目和疗程,满足顾客的需求,如 3-7 所示。

表 3-7 搭配护理项目与疗程的实例

	阶段性疗程规划与建议			
面部	皮肤性质	油、粉刺肌肤	干、斑肌肤	护理建议
	第一个阶段	排毒、清洁	软化角质	
	第二个阶段	调理 pH 值	补水、锁水	
	第三个阶段	净化毛孔	激活细胞,刺激细胞更新	
	第四个阶段	收缩毛孔	淡化色素,还原健康肤色	
	皮肤性质	敏感、脆弱肌肤	松弛、皱纹肌肤	护理建议
	第一个阶段	强化血管,强化吸收功能	软化角质、补水	
	第二个阶段	修护血管,强化传送功能	营养补给、激活细胞	
	第三个阶段	强化皮肤对外的防御力	收紧、提升	
	第四个阶段	恢复皮肤生机	塑造完美脸部轮廓	

续表

阶段性疗程规划与建议

	阶段性疗程规划与护理建议			
	身体性质	养生、调理	减肥、瘦身	护理建议
身体	第一个阶段	排出毒素，畅通经络	排出毒素，畅通经络	
	第二个阶段	调经络，畅气血	强化代谢功能	
	第三个阶段	调脏腑，补充气血	燃脂、瘦身	
	第四个阶段	调体质，祛除湿气	塑造完美曲线	

疗程功效与需求相结合

搭配好项目与疗程后，美业顾问可以将疗程的功效与顾客的需求相结合，进一步渲染项目的特点和效果。

"您今天做的是第一个阶段的清洁与补水，我特别为您搭配了清洁毛孔及补水的×××护理。这个护理会用到××产品、××技术，比市面上普通的清洁补水护理的效果好。它能改善皮肤干燥粗糙、毛孔粗大等问题，达到皮肤水润透亮的效果。为了进一步提升项目的效果，建议您回去还要连续敷两天面膜。

"可能到了第五天左右，您会摸到脸部T区有一些粗糙，皮肤没有刚做完项目的时候透亮。如果是这样，不要担心，这是您的皮肤深层和毛孔内的脏东西在往外代谢。

"如果您希望尽早看到效果，建议您一定要按照我们的疗程规划来进行护理。"

这个环节概括来说就是结合顾客的需求介绍项目的特色，让顾客感受到该项目非常适合她，然后再介绍一些注意事项，并借此渲染项目的效果。

介绍原价与体验价、新客开卡疗程特惠

了解到项目的效果后，顾客的购买意愿很可能被激发出来了，这个时候她们比较关心的是项目的价格。因此，美业顾问接下来就要介绍项目的价格，包括原价、体验价与新课开卡疗程特惠价。

> 顾问："按照我们的疗程护理5次后，我再帮您做一次皮肤检测，到时候您可以看到脸部T区的毛孔干净多了。×女士，如果您非常想解决当前皮肤存在的这些问题，建议您按照疗程进行护理。"
>
> 顾问："您今天做的项目的体验价是××元，但原价是×××元/次。××项目是我们家的王牌项目，很多顾客都非常喜欢这个项目。今天您可以好好体验一下，如果体验感很好，那么非常欢迎您成为我们的会员。"

褒扬美容师，铺垫顾问进房时间

安排顾客进房间之前，美业顾问可以向顾客推荐美容师，介绍美容师的专业性，增强顾客的信任感，同时可以铺垫顾问进房间的时间，这么做一是避免顾客对顾问进房间产生抵触心理，二是为顾问进一步销售项目做铺垫。

> 顾问："韩女士，这位是我们的美容师胡燕老师。她从业5年，有丰富的临床经验，护理手法娴熟。我们很多顾客会指定她做护理。"
>
> 顾问："胡燕老师，今天您帮韩女士做××护理。韩女士比较关注皮肤的××问题，所以你在做护理的时候要特别加强××部位的护理，而且护理的每一步都要详细向韩姐介绍。"
>
> 顾问："韩女士，您待会儿可以好好体验，过程中您有什么需求或有什么想了解的，可以随时咨询我们的美容师，我们会及时帮助您解答疑问。"
>
> 顾问："韩女士，您先去房间做护理，待会儿我再进房间看看您。"

做好新顾客的一度咨询与诊断工作，可以极大地提升新顾客的成交率。所以，美业顾问对待新顾客不能只会填表，还要掌握新顾客一度咨询与诊断的技巧，进一步挖掘顾客需求，强调项目价值，为后期的成交做好铺垫工作。

❻ 新顾客快速成交技巧

想要实现新顾客的快速成交，那么就与新顾客谈一场"恋爱"吧。如何谈这场"恋爱"呢？

一见倾心：环境导览

"一见倾心"是指要让顾客在看到店院的那一刻就想要成为店院的顾客。如何才能实现这一点呢？美业顾问可以通过环境导览让顾客看见吸引人的企业文化和舒适的店院环境。

环境导览是指带领顾客参观店院的环境，感受企业文化。概括来说，环境导览主要有以下几个作用，如图3-5所示。

- 新顾客对新环境会产生良好的第一印象
- 消除新顾客对美业顾问的防备心理
- 让新顾客对店院有初步了解

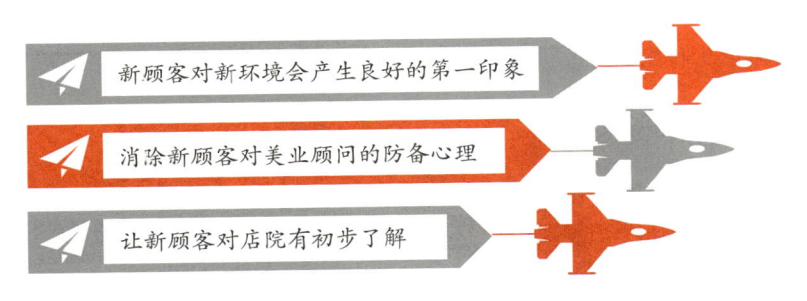

图3-5 环境导览的作用

（1）新顾客对新环境会产生良好的第一印象

干净、舒适的环境是吸引新顾客的法宝，能够让新顾客产生良好的第一印象。这也是留住新顾客的关键因素之一。

（2）消除新顾客对美业顾问的防备心理

当顾客对环境感到陌生时，他们很可能会对陌生环境中的一切都产生防备心理，这种心理会影响顾客接下来的行为。带新顾客参观店院，让新顾客更了解店院本身，可以缓解或消除新顾客对美业顾问的防备心理。尤其是当新顾客在参观店院环境时，如果发现很多顾客都在这里消费，她会对店院更有安全感。顾客会想这么多顾客都来这做护理，说明这家美容院应该不错。

（3）让新顾客对店院有初步了解

环境导览可以让新顾客对店院有初步的了解，便于美业顾问展开接下来的销售工作。

一般来说，建议环境导览在10分钟之内完成。因为时间太长会让顾客失去耐心和兴趣，而时间太短可能会太仓促，不足以传递给顾客我们企业的文化并让顾客留下印象。

那么，如何做好环境导览呢？美业顾问在为新顾客进行环境导览时可以围绕以下几个核心要点展开，如图3-6所示。

- 店院初创时间
- 经营店院的初衷
- 店院的规模
- 经营的主品牌
- 介绍体验项目

图3-6　环境导览的核心要点

①**店院初创时间**。店院的初创时间越久远，说明历史越悠久，越能吸引顾客。所以，如果是历史比较悠久的店院，可以着重强调店院的初创时间。

②**经营店院的初衷**。介绍店院经营的初衷，让顾客了解企业文化，推崇创始人，进而吸引顾客。

③**店院的规模**。如果是大企业，那么可以介绍店院的规模。店院的规模越大，越能向顾客证明店院的实力。

④**经营的主品牌**。主品牌的品牌力也是吸引顾客、证明店院实力的关键因素。

⑤**介绍体验项目**。介绍完店院的情况就可以切入正题，向顾

客介绍体验的项目。一般包括，护理房间的介绍（VIP房间/普通房间）、顾客体验项目的介绍等。

为了帮助美业顾问更好地掌握环境导览的技巧，我们来看下面的实例。

企业初创时间：××美容院始创于1990年，今年是第33个年头。

经营店院的初衷：本院经营的初衷是"让成都每一位爱美的女人都拥有健康的皮肤！"

店院的规模：我们目前有8家店，员工人数150人，会员人数超过8000人，一起见证企业成长的老顾客有3000多人。您今天所体验的店是城市中心店，有800多平方米，开业6年多，会员有800多人。

经营的主品牌：

脸部护理的主要品牌有：×××、×××

身体护理的主要品牌有：×××、×××

公司选择这些知名品牌的初衷是，让每一位来我们美容院的顾客都享受到高品质的服务和效果。

体验项目初介绍：

我们有VIP房间，里面高科技设备一应俱全。我们还有温馨的会员专属房间，是特意给店内会员预约准备的。

今天您体验的面部项目来自××品牌，这是公司对来城市中心店进行体验的新顾客的超值见面礼。

很多像您一样爱美的女士在体验了我们的项目、感受了我们的服务后，成了我们的会员。希望今天给您带来愉悦的美丽之旅，同时也希望您能成为我们最尊贵的会员。

再见倾情：项目体验

"再见倾情"是指通过项目体验，增加与顾客之间的情感连接。这里美业顾问可以采取上一节介绍的"新顾客一度咨询与诊断的 11 个步骤"。除此之外，在新顾客体验项目时，美业顾问还应注意以下几点，如图 3-7 所示。

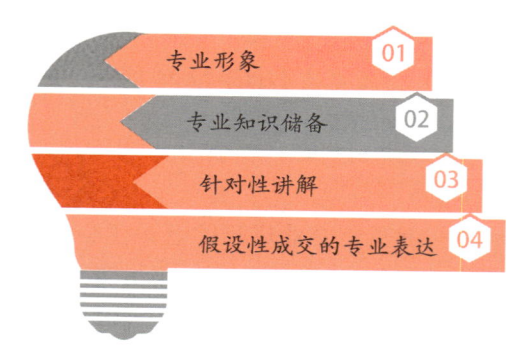

图 3-7　新顾客体验时的注意事项

（1）专业形象

美业顾问的着装要干净、整洁、得体、职业，符合顾问的形象，体现专业性，赢得顾客的信任。

（2）专业知识储备

顾客随时都有可能会提出一些问题，这就要求美业顾问有足够多的专业知识储备，能够专业地为顾客进行解答并提出解决方案。例如，要掌握皮肤学、身体经络、产品成分及作用等内容。

（3）针对性讲解

美业顾问要针对顾客的症状和需求，讲解项目相关的信息。讲解的针对性越强，越能让顾客关注到自己存在的问题并引起重视。

（4）假设性成交的专业表达

假设性成交的专业表达是指美业顾问以成交为前提，语气温和笃定地向顾客介绍项目及项目能带来的效果。这种表达方式可以增强美业顾问的自信心，也更容易打动顾客。

恋爱助推剂：成交系统

"恋爱助推"是关键的一步，决定了最终能否成交。"恋爱助推"其实就是建立成交系统。

美业店院成交系统

①全员必须有当天势必成交的决心和意愿。

②设置明确的邀约人数和成交人数目标，盯紧反预约。

③企业文化传播和环境导览。

④聚焦疗程成交。顾客当天体验什么项目，就根据顾客体验后的效果与感受用体验项目的疗程来完成成交，以免多元铺垫后造成顾客的选择困难或造成不必要的成交障碍。

⑤一度咨询与诊断。对顾客进行一度咨询时，要重点了解顾客的症状与需求、消费能力及保养观念等，同时要铺垫当天开卡的意识。

⑥前后台配合。前后台配合的主要工作是美容师进行三度汇报，传递顾客的相关信息，中高管进行2—3次帮床踢单，促进成交。

⑦安排重点员工服务。要注意的是，一定要安排成交率高的

美容师来服务新顾客，而且要根据顾客的性格特点去安排适合的美容师。

⑧安排 VIP 贵宾单人房。

⑨不接受 3 个人的同时预约。若 2 个人同时来，需要分房护理，并设置不同的护理结束时间，分别做二度咨询与诊断。这样做是为了避免 2 人一起时容易互相干扰对方的选择，不利于完成成交。

⑩反预约。体验完后必须约定下次的疗程时间，并及时进行再售卡（好友闺蜜卡）。

需要注意的是，成交系统必须配合前面两个环节才能发挥作用。促使新顾客快速成交的核心是"信任感"，这个信任感来自顾客对店院的熟悉度和对项目的信任程度，也来自美业顾问的专业度。所以，美业顾问要想实现新顾客的快速成交，就要带领新顾客熟悉店院的环境和文化，感受到美业顾问的专业度，了解并体验项目的功能和效果。

❼ "不动产"顾客激活技巧

"不动产"顾客是相对"动产"顾客而言的。"动产"顾客是指每月平均到店两次及以上的顾客，其余都称为"不动产"顾客。具体如何界定"不动产"顾客呢？"不动产"顾客的界定通常分为 3 个频率段，不同频率段的界定标准如图 3-8 所示。

月度到店低于 2 次

季度到店低于 6 次

年度到店低于 24 次

图 3-8 "不动产"顾客的界定标准

大多数情况下，美业顾问会把注意力集中在"动产"顾客身上，因为这类顾客当下就能为店院创造业绩。然而，一名合格的美业顾问不仅会注重"动产"顾客的管理，还会将眼光放得更长远，采取相应的措施去激活"不动产"顾客。

为什么要激活"不动产"顾客呢？主要有以下三大原因。

①激活"不动产"顾客和成交新顾客，能增加店院的日均客流量，是美业店院不断发展的法宝。

②店院的经营离不开两个思维——流量思维和用户思维。流量思维，即要采取一系列措施不断吸引顾客，聚集流量；用户思维，是指要以用户为中心，获取用户的终身价值。这里的用户包括"不动产"顾客，且这部分人身上潜藏着巨大的可挖掘价值。

③成本核算。开发一个新顾客的成本是维护一个老顾客成本的 6 倍。对美业店院而言，开发新客户和维护好老客户需要同步进行。

激活"不动产"顾客的本质是激活他们能为店院带来的业绩。那么，如何才能激活这些"不动产"顾客，实现业绩倍增呢？在回答这个问题之前，美业顾问首先要思考的问题还是"为什么这些顾客会成为

'不动产'顾客"。

根据实际工作经验总结，顾客之所以成了"不动产"顾客的原因主要有以下两点。

> ①**对顾客的动态需求把控弱**。例如，"对顾客的需求把握不准，虽然没成交，但让顾客感觉一直被销售""对顾客的需求变动不敏感，导致顾客续单意愿度下降，不愿到店"。
>
> ②**对客情维护不上心**。例如，"没有及时处理顾客的投诉""销售前后的服务热情度不一样""为了销售而销售，不考虑顾客的需求导致客情受伤"等。

如何解决以上两类问题，激活"不动产"顾客呢？这就需要美业顾问做好两件事，即设置心锚，有针对性地解决顾客的问题。

设置心锚

设置心锚是指我们将某一种心情与某一动作、表情、物品建立链接，并形成条件反射。当条件与反射的链接模式衔接完好后，心锚就建立了。我们这里的设置心锚是指将工作中的任何事情与顾客的内心建立链接，让顾客时刻感受到我们的关怀，从而激活他们的消费意愿。

美业顾问可以设置4颗心锚来激活"不动产"顾客，如图3-9所示。

真心　爱顾客的心
用心　以顾客需求为中心
贴心　持续关怀顾客
入心　与顾客心心相印

图3-9　激活"不动产"顾客的4颗心锚

（1）真心：爱顾客的心

要真心对待顾客，不能为了销售项目而欺骗顾客。

（2）用心：以顾客需求为中心

要站在顾客的角度思考问题，从顾客的需求出发，帮助顾客满足需求，创造需求。

（3）贴心：持续关怀顾客

持续对顾客进行跟踪与服务，关怀顾客，体贴顾客，让顾客感受到我们一直都在。

（4）入心：与顾客心心相印

要想顾客之所想，帮助顾客解决其想解决的问题，根据顾客的需求推荐合适的项目。

有针对性地解决顾客的问题

如果能够找准顾客成为"不动产"顾客的具体原因，那么就可以针对这些原因给出解决方案来进行激活。通常导致顾客成为"不动产"顾客的具体原因有以下几个，我们需要针对这些具体原因提供相应的解决方案。

（1）技术效果不满意

如果顾客对技术效果不满意，那么美业顾问需要思考这样几个问题：疗程搭配是否合理？疗程效果是否明显？美容师的手法是否正确？是否进行了效果对比、案例分享？服务后是否进行了跟踪与售后服务等。同时可以采取重新设置疗程搭配及护理计划、调整服务人员、调整顾客最关心的项目操作流程和方式等解决方案。

（2）服务卫生不满意

如果顾客对卫生不满意，那么美业顾问应立即采取措施，避免给顾客带来不愉快的体验。例如，改善店院及房间内的环境，注意各个环节的卫生工作等。

（3）价格不满意

如果顾客认为价格太高，那么美业顾问可以采取以下几个策略：重新做顾客分析，为顾客推荐性比价更高的项目；针对顾客需求再次调整解决方案，达成共识，并对阶段性的效果做说明，从而通过顾客对效果与感受的认同感让顾客觉得项目等值或超值。

（4）距离不满意

如果顾客认为距离太远不方便，那么美业顾问可以采取以下几个措施：调整项目规划与家居配合的侧重点；做好持续跟踪与提醒的工作；对于高质量顾客，可以适当考虑上门服务的可行性（考量因素：时间/地点/便利度/安全度）等。

如果无法找出顾客成为"不动产"顾客的具体原因，那么美业顾问可以按照以下流程去激活"不动产"顾客。

> ①设置"不动产"顾客的激活目标并细化到人、到天，并匹配出相应的激励方案。例如，"××美容师要在×月15号之前激活5名老顾客，每激活一名，奖励××现金"。
>
> ②编写有针对性的差异化邀约信息。例如，"亲爱的××顾客，您的专属福利来了。我们为您专属推荐……"。

③发放相同主题不同表现形式的信息两遍。例如,"会员专属狂欢活动已开启……""尊敬的会员,您好久没来了。店里最近上了新项目,我们给您整理了一些,等您来挑选"。

④打电话邀约。例如,"××您好,我们店里针对老顾客举办了一次回馈活动……"。

⑤请求再次服务的机会。例如,"希望可以再次为您服务"。

⑥每天做好"不动产"顾客激活的跟踪记录。

⑦严格执行"不动产"顾客到店的相关要求。

店院的业绩来源于顾客,而且大多来源于老顾客,所以美业顾问应掌握一定的技巧,激活"不动产"顾客,赋能顾客价值。

❽ 前后台配合成交技巧

前后台配合能够加深顾客对项目的认知度,增强顾客对项目的信任度,加快成交速度。前后台配合主要是指前台的接待员、美业顾问、店长等人与后台的美容师、专家之间的配合,我们这里主要介绍的是美业顾问与美容师之间的配合。

配合成交前的铺垫工作

在配合成交之前,美业顾问就要做好铺垫工作。

> 顾问："章女士，您今天来对了。告诉您一个好消息，今天我们店正在举办××项目的活动，由我们店资深的美容师×老师带您免费体验项目。但是体验名额有限，我先帮您预留一个名额。一会儿，您有什么疑问都可以询问我们的×老师，她都会细心为您解答。"

见面时介绍美容师

见面时再次隆重介绍美容师，进一步加深顾客对美容师的印象。

> 顾问："章女士，这是我刚跟您提到过的×老师。×老师从事医学美容研究十余年，在这方面可以说是资深人士。×老师，这位是来我店咨询××项目的顾客章女士，请您再仔细为章女士介绍××项目和有关的活动内容。"
>
> 顾问："章女士，您可以把您想解决的皮肤问题，或者您想了解的一些皮肤专业资讯都告诉我们的×老师，让×老师帮您解答疑惑。"
>
> 美容师："是的，章女士，您有任何问题都可以问我，我十分乐意为您解答。"

项目体验中的沟通

如果安排了免费项目体验，那么在房间内美容师也要与顾客进行沟通，配合顾问做好工作，为成交做铺垫。

顾客："最近感觉皮肤变得松弛了，色斑和黑头越来越明显。"

美容师："这是人体机能衰老、皮肤代谢能力降低在您身上的一种体现。问题出现了，就要及时解决。我们店的××项目就可以帮助您解决这方面的问题。"

顾客："××项目是一个什么样的项目？现在有什么活动？"

美容师："××项目是我们店最受欢迎的一个项目，采用的是顶尖的××技术，可以有效改善肌肤的代谢能力，延缓衰老……针对您肌肤当前存在的问题，我建议您按疗程进行护理。具体的疗程方案和活动优惠价格可以咨询我们的顾问，她会针对您的问题帮您制订性价比最高的护理方案。一会儿我们的体验结束后，我可以请我们的顾问进来跟您做详细讲解。"

顾问进房间。

美容师："×顾问，顾客章女士正在体验我们的××项目，对项目的效果比较满意。我建议她按疗程进行护理。现在章女士想了解一下疗程护理和相关的优惠活动，请您来讲解一下。"

顾问："好的，章女士。针对您目前的问题，我建议您做3个疗程。第一个疗程主要解决××问题，共10次护理……3个疗程的总价是5800元。今天我们××项目做活动，一次性购买3个疗程可以优惠500元，并赠送3盒×品牌的补水面膜。"

美容师："是的，章女士，按照这个疗程规划来进行护理，效果会更好，而且这个价格也非常划算，性价比很高。"

在顾问介绍项目疗程和优惠活动的时候，美容师应积极配合与附和，增强顾客的信心。

如果是一些时间比较长、比较复杂的体验项目，那么在项目进行的过程中，美容师应进行"三度汇报"，让顾问实时掌握顾客的情况，便于后面的沟通与成交。

（1）一度汇报

时机：顾客准备时，比如顾客洗澡更衣时

汇报时间：3分钟

汇报内容：顾客的基本情况。比如顾客的症状。

确认顾问与顾客达成的共识。比如顾客最想解决的问题是肤色不均。

希望铺垫成交的项目以及相关注意事项。比如铺垫×卡项，注意顾客脸颊的皮肤比较敏感。

（2）二度汇报

时机：效果对比前

汇报时间：5分钟

汇报内容：顾客的实际需求与诊断需求是否吻合。比如顾客的实际需求是面部皮肤补水，实际的诊断需求是面部皮肤干燥，需补水，那么这两个需求就是相吻合的。

美容师的铺垫程度与顾客的反应。例如，美容师详细介绍了项目，顾客很感兴趣，并主动咨询了项目疗程和价格。

顾问帮床时机与需要配合的地方。例如，使用×仪器时顾问可以进来帮床，并详细向顾客介绍仪器的作用。

（3）三度汇报

美容师进行汇报时要掌握最佳的汇报时机和汇报内容。

汇报时机：面部–卸膜前、身体–翻身前

汇报时间：3分钟

汇报内容：与顾问沟通，如何配合踢单。

是否预约了下次的护理时间。

在美容师三度汇报的时候，美业顾问还应配合做好以下几件事。

①在美容师进行一度汇报时，顾问要认真倾听并复述确认其汇报的内容，并指导美容师铺垫项目，交代注意事项。

②进房间帮床时，顾问应进一步与顾客沟通，确认其需求，根据实际情况来强化顾客的需求意识。

③顾问要认真听取美容师的二度汇报和三度汇报，并给予指导，以提高成交率。

④顾客体验结束后，顾问带顾客出房间，解答顾客的相关疑问。

⑤顾问要赞美顾客体验项目后的效果，引导顾客的需求，激发顾客的购买意愿，并预约下次的护理时间。

除了要掌握一些沟通方面的配合技巧外，美容师和美业顾问在配合成交时，还要懂得营造良好的沟通氛围，要精神饱满、充满热情。良好的沟通氛围更利于打开顾客的内心，利于美容师和美业顾问做好配合工作，提升成交率。

❾ 项目叠加成交技巧

美业顾问在进行项目叠加时，应围绕一个核心原则展开：一切从顾客的需求出发，并达成共识。同时，在为顾客叠加项目时，一定要注重以下两个效果。

同部位叠加效果

同部位叠加效果是指在同一个部位叠加不同的项目,以产生对该部位的服务效果。

例如,顾客做完清洁项目之后,再做一个深度补充营养的项目,项目叠加能够达到"趁热打铁"的效果。

不同部位叠加效果

不同部位叠加效果是指在不同部位叠加不同项目所产生的效果。例如,顾客在做肩颈/腿/腰/面部等项目前先做一个瑶浴泡澡,促进全身气血循环,那么后续项目产品的吸收效果会更好;顾客在做面部项目的同时,可以艾灸肚子,让顾客变美的同时也调理身体,节省顾客的时间;顾客气血不足、冬天手脚冰冷,做了一个暖宫保养项目,这时叠加腿部的升温调理项目,可以很好地改善顾客气血不通的症状。

> 顾问:"沈女士,您看您的卡上还有 A 项目,今天我给您安排 A 项目和 B 项目结合起来做,您觉得如何?A 项目可以实现升温、疏通经络的效果,B 项目能够趁着身体吸收最佳的时候进行有针对性的调理,点对点护理并加强肌肉弹性。这样双管齐下,效果会更好。"

❿ 讲故事成交技巧

知名心理学家杰罗姆·布鲁纳(Jerome Seymour Bruner)说:"用讲故事的方法讲述事实,这个事实被记住的可能性就会增加20%。"伦敦商学院也曾做过一项相关的研究,他们列出了不同的沟通方式,听众接收的信息在大脑中留存的数据如下:

当讲话者仅使用数据与事实时,信息留存率为5%—10%;当讲话者将数据、故事与视觉画面相结合时,信息留存率为25%—30%;当讲话者只讲故事时,信息留存率为65%—70%。

从以上的数据可得知,讲故事可以更有效地传递信息、留存信息。正因如此,越来越多的销售员将故事运用到销售工作中,并称为"故事成交法"。

故事成交法是指通过讲一个与顾客相关的故事,连接顾客,引导顾客思考、权衡,从而达到最终成交的目的。如果美业顾问可以讲出一个与顾客需求相结合的好故事,那么不仅会增强顾客的信任感,还能加快顾客的购买决策速度。所以,优秀的美业顾问都是讲故事的能手。

我们这里所说的"故事",可以是我们在第2章的"销售演练:从顾客分析到成交"中提到的案例,也可以是自己的故事,或者一些经典的故事。在第2章中我们介绍了案例分享的一些注意事项和方法,这里我们再深入研究美业顾问应如何通过讲故事的方式来促进成交。

为顾客定制故事

无论是什么故事,故事一定要与顾客相关,能够连接顾客,并能够切入正题,引出项目。也就是说,在销售过程中,并不是美业顾问想到什么故事就讲什么故事，或者觉得什么故事有趣就跟顾客分享什么故事。美业顾问应为顾客定制故事，即结合顾客的身份、地位、收入、性别、年龄、症状、需求、咨询项目等，选择相似或相同的故事，从各个角度将故事与顾客连接起来。

突出细节

能打动顾客，增强顾客信任的往往是一些具体的细节，所以故事一定要突出细节。这里的细节是指在顾问在讲故事时，要认真描述故事发生的场景，突出描述问题。例如，"我们的顾客王女士，皮肤容易长痘，因为疏于护理，后面越来越严重。而且皮肤问题严重影响了她的心理，她感到自卑，不愿意出门，不愿意交朋友"。

细节越突出，越能成功地将顾客带入故事中。

借助"道具"

"工欲善其事，必先利其器。"好的"道具"往往能帮助我们更快地获得顾客的信任。

> 顾问："您看一下，这是我跟您说的××顾客做项目之前和之后的效果对比图。这位顾客非常愿意分享自己的效果对比图，因为她希望跟她有同样皮肤困扰的顾客都可以从她这里获得信心。"

这个"道具"可以是顾客提供的效果对比图，也可以是顾客给予的其他证明反馈，如在官方网站的留言。总之，美业顾问要留意这些"道具"，并在讲故事的时候巧妙地借助这些"道具"。

故事为辅，项目为主

"故事为辅，项目为主"，就是要求美业顾问在讲故事的过程中要始终以引出项目为目标，在适当的时候快速切入正题。即便顾客将话题绕开了，也要及时引导顾客回到正题。例如，"我非常赞同你的观点。这也正是我今天想跟你推荐这个项目的原因"。

讲故事的最终目的是将顾客带入故事中，然后引入项目，促进成交。所以，无论美业顾问采取什么样的形式，讲什么内容的故事，一定不能本末倒置，故事始终都要聚焦项目，以达成成交为目的。要知道，我们要成为的是能创造高绩效的美业顾问，而不只是讲故事的高手。

⑪
不同顾客类型的沟通与服务技巧

顾客与顾客是不同的，美业顾问要想实现有效沟通，就应当针对不同的顾客采取不同的沟通与服务技巧。通过对工作中常见的顾客特性进行分析，我们总结出了9种不同类型的顾客，并相应提供了不同的沟通与服务技巧。

理智稳健型顾客

理智稳健型顾客通常具有以下几个特征。

> 严肃冷静，遇事沉着；
> 独立思考，不愿别人介入；
> 会认真聆听美业顾问的讲解；
> 有时会提出问题和自己的看法；
> 商品本身的功能决定其是否会购买；
> 善于比较、挑选，不急于做决定。

对于这种类型的顾客，美业顾问可以采取的沟通与服务的技巧如下。

（1）体现专业性

面对理智稳健型顾客，美业顾问一定要体现自己的专业性，要从专业角度介绍项目，用专业的知识回答顾客提出的问题。

（2）从产品功能、利益入手

理智稳健型顾客更在乎产品本身的功能和产品能带来的利益，所以美业顾客可以从产品功能和利益入手。例如，"这个项目可以解决皮肤缺水、肤色暗淡等问题，它的原理是……采用的技术是……"。

（3）多举证，多用数据说话

理智稳健型顾客更相信证据和数据，所以美业顾问在跟这类顾客沟通时应多举证，多用数据说话。例如，"这是国际认证的××技术，这是技术证书……"。

优柔寡断型顾客

优柔寡断型顾客通常具有以下几个特征。

> 对是否购买犹豫不决；
> 反复比较产品性能、价格等，难以取舍；
> 外表温和，总是瞻前顾后，举棋不定。

对于优柔寡断型顾客，美业顾问应当采取的沟通与服务技巧如下。

（1）鼓励顾客表达出存在疑虑的问题

例如，"您考虑的是价格问题还是效果问题呢？都可以跟我说"。

（2）帮顾客做决定

例如，"针对您当前的皮肤症状，我建议您选择A项目。这个项目的性价比更高，也更适合您"。

（3）传达正面信息

例如，"做过这个项目的顾客都反馈效果很好，您通过效果对比也能看得出来"。

自我吹嘘型顾客

自我吹嘘型顾客通常具有以下几个特征。

> 喜欢自我夸奖，虚荣心强；
> 喜欢在他人面前炫耀自己见多识广；
> 高谈阔论，不愿意接受他人的劝告。

对于自我吹嘘型顾客，美业顾问应当采取的沟通与服务技巧如下。

（1）耐心倾听

当一名忠实的听众，充分满足顾客的表达欲。

（2）适当附和，表达钦佩

在顾客吹嘘时要适当地进行附和，表现出羡慕或钦佩的表情，满足对方的虚荣心。

（3）找出项目与其炫耀的契合点，顺势推出项目

例如，"原来您对××方面的见解这么深刻！这样看的话，我们××项目真的非常符合您的需求，简直就是高端定制……"。

（4）对不同意见表达理解

对顾客的不同意见要表示理解，避免冲突。例如，"我非常理解您对××方面的想法，与此同时，我想说的是……"。

（5）善于请教

把顾客当作良师益友，请她指点迷津。例如，"您刚才提到您在××领域深耕了十多年，一定有很多经验，可以分享一二吗"？

豪放果断型顾客

豪放果断型顾客通常具有以下几个特征。

乐观开朗；
不喜欢啰唆的推销方式；
决断能力强；

> 不拖泥带水，做事说一不二；
> 往往缺乏耐心；
> 容易感情用事，有时轻率马虎。

对于豪放果断型顾客，美业顾问应当采取的沟通与服务技巧如下。

（1）热情

热情大方，要给顾客一见如故的感觉。

（2）真诚

真诚对待，让顾客产生"交朋友重于做买卖"的感觉。

（3）直接

不必绕弯子，有问题和建议可以直接与顾客沟通。

喋喋不休型顾客

喋喋不休型顾客通常具有以下几个特征。

> 喜欢凭自己的经验和观察来判断事物，不容易接受别人的观点；
> 一旦开口，便口若悬河，滔滔不绝；
> 很容易偏离主题，如不加以引导，谈话容易成为家常聊天。

对于喋喋不休型顾客，美业顾问应当采取的沟通与服务技巧如下。

（1）要有足够的耐心和控制能力

顾客越是说得高兴，美业顾问越要保持耐心，切忌表现出不耐烦、着急的样子，更不要故意打断顾客，强行介绍产品。

（2）在顾客兴致高时引入项目

对于美业顾问来说，顾客说得越多，暴露的需求就越多，所以只要耐心倾听，一定可以找到顺势引入项目的机会。

（3）一旦进入主题就可以让顾客自行发挥

项目介绍之后，美业顾问不要追着顾客继续聊和项目相关的话题，最好是让顾客尽情发挥，充分满足对方的表达欲。对于这类顾客来说，聊得开心才能消费得开心。

沉默寡言型顾客

沉默寡言型顾客通常具有以下几个特征。

> 沉默寡言，性格内向；
> 销售人员问他们问题，常常听而不答；
> 不轻易说出自己的真实想法和感受。

对于沉默寡言型顾客，美业顾问应当采取的沟通与服务技巧如下。

（1）增强互动

美业顾问要多利用店内的各类道具与顾客进行互动，多邀请顾客体验项目。

（2）尽可能留住顾客

美业顾问要尽量延长顾客在店内的时间，增进交流。

（3）采取无声沟通的方式

美业顾问可以提供相应的权威资料和实例，缓解顾客的戒备心理。

吹毛求疵型顾客

吹毛求疵型顾客通常具有以下几个特征。

> 疑心重，信任度低；
> 认为产品疗效夸张，缺点和不足被掩盖；
> 不容易接受他人的意见，喜欢挑剔；
> 争强好胜，喜欢与人辩论。

对于吹毛求疵型顾客，美业顾问应当采取的沟通与服务技巧如下。

（1）心态要好

面对顾客的挑剔，美业顾问要保持良好的心态，懂得"褒贬的是买家，喝彩的是闲人"。

（2）采取迂回战术，避免与顾客产生冲突。

对于顾客比较关注的方面，美业顾问可以通过提供各种案例、数据或证书等方式，加强说服力，避免由于直接否定顾客而产生更大的冲突。

（3）让顾客发泄后，寻找机会转入项目话题

例如，"您刚才说的问题的确很重要，因此我们店院前段时间刚对所有的项目都进行了升级，比如××项目，我们增加了……"。

情感冲动型顾客

情感冲动型顾客通常具有以下几个特征。

> 对事物的变化敏感；
> 情绪不稳定；
> 容易偏激；
> 决策快，变化也快。

对于情感冲动型顾客，美业顾问应当采取的沟通与服务技巧如下。

（1）帮助顾客采取果断决策

例如，"这个价格很优惠，现在不购买就亏了"。

（2）提供强有力的说服证据

例如，"给您看看我们顾客反馈的效果对比图"。

（3）强调项目带给她的利益和价值

例如，"做完3个疗程后，您当前的问题都能得到极大的改善"。

（4）尝试迅速成交

对于这类顾客应尽量缩短沟通时间，尽快切入项目话题，尝试迅速成交。

圆滑难缠型顾客

圆滑难缠型顾客通常具有以下几个特征。

> 较顽固，坚持自己的立场；
> 索要资料，声称要多找几家做比较；
> 找借口拖延，观察顾问的反应。

对于圆滑难缠型顾客，美业顾问应当采取的沟通与服务技巧如下。

（1）做好持久战的准备

美业顾问对圆滑难缠型顾客的要求应尽量满足，同时做好持久战的心理准备，不要急于成交。

（2）注意后续销售，保持与顾客的联系

只要了解顾客的特性，美业顾问就可以采取有针对性的方法与其进行沟通，提升沟通效率。所以美业顾问应认真观察、记录顾客的性格特征，便于为后期的有效沟通、高质量服务打好基础。

⑫ 顾客转介绍技巧

顾客转介绍也称"连锁介绍法""客户引荐法"和"黄金客户开发法"，是解决店院获客，实现业绩倍增的一种方式。这种方式的获客成

本低、周期短、效率高，是美业顾问应积极探索的拓客方式。但是不少美业顾问表示，虽然店院有很多忠实的老顾客，但是他们并不愿意帮助介绍新顾客。顾客转介绍并不是一件很容易的事情，美业顾问要想通过顾客转介绍来获客，应掌握一定的技巧。

实际利益法

实际利益法是指对于转介绍成功的顾客给予实际的奖励。这是一种比较直接的邀请顾客帮助做转介绍的方法。美业顾问可以提前告知顾客，转介绍新顾客可以获得奖励。例如，成功推荐一名顾客办卡，可以获得××品牌的护肤品一瓶等。

福利法

福利分享是指不定期地送给顾客一些福利，尽量多一些份额，例如，免费体验券、代金券、礼品券等。这些优惠券、代金券、礼品券等可以设置一定的时间限制。由于有时间限制，顾客可能享受不完或者没有时间享受，然后便会赠送一些优惠券给朋友，或者邀请朋友一起去享受福利。这样就巧妙地实现了转介绍。

套餐法

美业顾问可以设置一些套餐，通过套餐的方式来实现顾客转介绍。常见的有"闺蜜卡""亲友卡"等。

闺蜜卡

活动福利：

A 项目：××套餐一疗程（原价 1680 元）

包含内容：基础皮肤护理、皮肤保湿补水……

B 项目：身体护理套餐一疗程（原价 1680 元）

包含内容：价值 980 元的品牌身体护理套装一套……

注：每人限用一张卡

闺蜜同购：5 折购卡或购一赠一（消费须闺蜜同行才可享受等）

电话：

地址：

再例如"好友卡"，店院老顾客充值 980 元，可以赠送 10 张 98 元的体验卡。但该体验卡自己不能用，需要转赠亲友使用，每人限用一张。

无论是"闺蜜卡"还是"好友卡"，其实转介绍的逻辑都是一样的，都是通过共享福利去激发顾客的转介绍动机。

返现法

返现法是指老顾客成功转介绍新顾客，可以返现给老顾客。例如，如果老顾客成功介绍 3 名新顾客购买了原价 1280 元的项目，那么可以返现 1280 元给老顾客，或者按照一定的比例进行返现，或奖励老顾客免费体验项目等。

返现法不仅可以促进转介绍，还可以促进老顾客继续消费，利于提升整体的销售率。

拼团法

拼团是指老顾客可以邀请一些新顾客参与团购，以此获得优惠价。例如，原价2880元的项目，5人成团，拼团成功则每人只需2080元，团长免费等。

拼团法的优点是传播速度快，熟人关系转化率高，拉新效果明显，群聚效应明显。所以，美业顾问应当积极探索拼团法，在提升转介绍效率的同时提升成交率。

拉群法

拉群法是指美业顾问建立顾客群，老顾客邀请新顾客进群或者推荐新顾客加入会员群就可以获得礼品。例如，推荐3名顾客进群可以获得一个免费体验××项目的名额。

以上介绍的是比较常见的且效果比较好的顾客转介绍技巧。虽然方法不同，但本质是相同的，都是通过向老顾客输送利益，激发起老顾客转介绍的动机。这里需要注意的是，有部分高质量客群并不会因为得到了一些小利益就主动为店院推荐顾客。所以，做好顾客服务，让顾客对服务效果、服务感受及服务细节真正地满意，才是促进顾客主动分享和转介绍的根本动力。

无论是邀请顾客做转介绍，还是顾客的口碑传播，美业顾问都要重视顾客转介绍这种获客方式，并积极实践，让店院不缺顾客，让自己不再为业绩犯愁。

第4章

视频营销：美业顾问拓客的新战场

传统的拓客方式已难以吸引新时代的顾客，美业顾问要想解决拓客难题，就应当变革拓客方式。在新时代，较受人们欢迎的获取信息的方式是视频，所以美业顾问应开启拓客的新战场，入局视频营销。

❶ 美业为什么要入局视频营销

科技零售公司美团发布的《中国生活美容行业发展报告（2020）》中的数据显示，2020年中国生活美容服务业的市场规模约为6373亿元，预计到2025年，中国生活美容服务业的市场规模将达到8375亿元。虽然美业拥有万亿级别的巨大市场空间，但是想从中分一杯羹却并不容易。不少美业店院在经营的过程中会遇到以下几个难题。

①市场竞争激烈。美业的进入门槛比较低，产品同质化严重，店院之间的竞争非常激烈。

②经营成本高。员工成本、门店租金、产品成本等经营成本几乎占据了店院整体营收的七八成。

③获客、引流难。传统的拓客方式，如发传单、地推等成本高、传播率低、同质化严重，很难吸引新时代的顾客。

④成交留存难。新顾客难以转化成交，老顾客的复购率也比较低。

⑤顾客管理难。顾客数据难以进行数字化、难复盘、难管理、难优化。

⑥转介绍难。顾客基数少，与顾客的日常互动少，顾客黏性差，转介绍难，整体难以形成良性运营习惯。

第 4 章 / 视频营销：美业顾问拓客的新战场

在市场竞争激烈的环境下，仍然存在以上问题的店院无疑会被市场淘汰。那么，美业店院应当如何解决这些问题，获得健康长久的发展呢？

顾客是利润的源泉，是店院赖以生存和发展的根本，所以要解决以上问题，帮助店院获得健康长久的发展，就要开启拓客新战场，吸引更多的顾客。那么如何成功拓客，为店院吸引更多流量呢？答案其实很简单，到有流量的地方去。

> 2021年8月27日，中国互联网络信息中心（CNNIC）发布第48次《中国互联网络发展状况统计报告》（以下简称"报告"）。报告显示，截至2021年6月，我国的网民规模达10.11亿。网络视频（含短视频）的用户规模达9.44亿，较2020年12月增长了1707万，占网民整体规模的93.4%。其中短视频用户的规模为8.88亿，较2020年12月增长了1440万，占网民整体规模的87.8%。如图4-1所示。

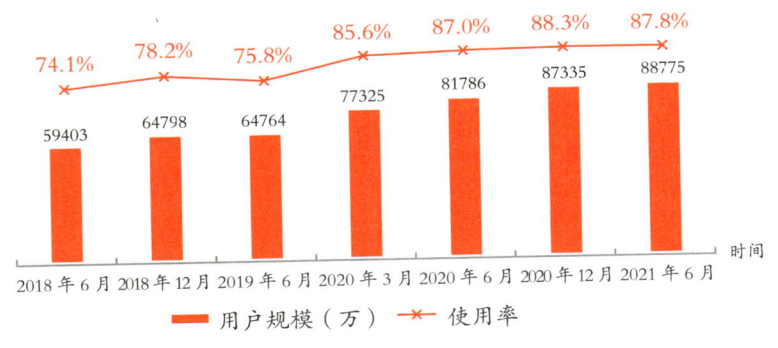

时间	2018年6月	2018年12月	2019年6月	2020年3月	2020年6月	2020年12月	2021年6月
用户规模（万）	59403	64798	64764	77325	81786	87335	88775
使用率	74.1%	78.2%	75.8%	85.6%	87.0%	88.3%	87.8%

图4-1　2018年6月—2021年6月短视频用户规模及使用率

我们再来看看短视频两大巨头——抖音平台和快手平台的数据流量。

> 国内移动互联网大数据公司 QuestMobile 的调查数据显示，截至 2022 年 6 月，抖音的月活用户数为 6.8 亿。
>
> 2022 年 11 月 22 日，快手公布了 2022 年第三季度业绩。在用户数据方面，三季度平均月活用户数为 6.26 亿，单季度增加 3900 万月活用户。

除了抖音和快手两大短视频平台，还有一些自媒体平台也在大力扶持短视频，为平台聚集流量，比如微信和小红书。这两个平台的月活用户也达上亿人。

观看视频的用户不仅仅会通过视频来娱乐或获取信息，他们还会通过视频购物。CNNIC 发布的报告显示，截至 2022 年 6 月，我国网络购物用户的规模达 8.12 亿，占网民整体的 80.3%。这些用户中有很大一部分都是通过视频达成最终成交的。

从以上的数据可以看到，视频平台已经成为巨大的流量聚集地，而且流量聚集在哪里，购买力就聚集在哪里。找到流量聚集地，找到购买力，就等于找到了帮助美业店院解决拓客难这个问题的答案。这也是美业为什么要入局视频营销的主要原因。

我们这里所说的视频营销包括短视频和中视频。抖音和快手都是以短视频为主。短视频以娱乐生活为主，内容简单富有创意，节奏快、时间短，一般在 15 秒—5 分钟；中视频的内容主要以知识为主，内容更丰富、系统，从内容质量上来说，比短视频更优质。中视频的时间比较长，一般为 1—30 分钟。

从抖音和快手两大平台的流量可知，短视频是流量聚集地。但事实上，中视频也因为内容优质而越来越受用户的欢迎，而且各大平台都在通过奖励流量来扶持中视频，如抖音联合今日头条、西瓜视频发出的激励创作者的"中视频计划"。所以，美业入局视频营销不仅要入局短视频，也要入局中视频，以期全方位获取流量。

但并不是说去往有流量的地方，我们就一定能获取流量。美业之所以应该入局视频营销，还因为美业和视频有两大共通点：属性一致、用户画像一致。

属性一致

美业的本质是为顾客服务，通过专业的知识和技术让顾客变得更美、更健康，享受更幸福的生活。视频的本质也是服务用户，通过分享生活中的一些经验、有趣的事情、学习方法、新知等，让用户获得价值和快乐。

所以从本质上说，美业的属性跟视频的属性一致。这个特点意味着相比其他行业，美业能够更轻松地入局视频营销。

用户画像一致

根据抖音官方公布的用户画像来看，女性的比例高达57%，且18—24岁、24—30岁的用户群体分别占比第一、第三，如图4-2所示。

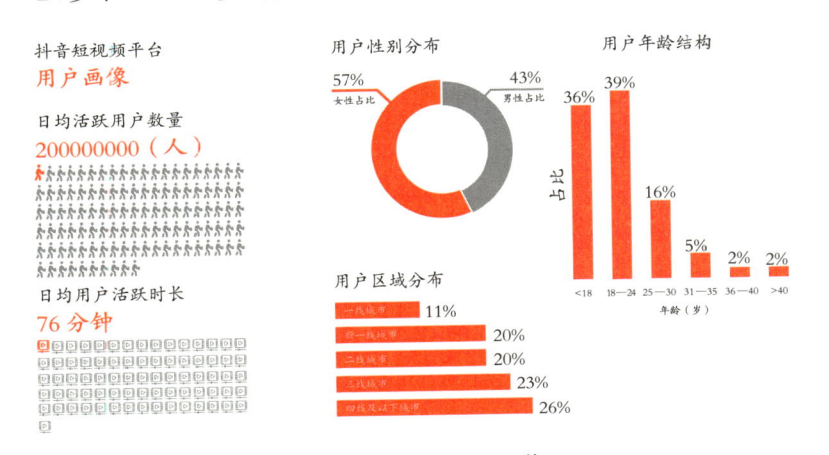

图4-2 抖音的用户画像

由抖音的用户画像可以看出，抖音平台的用户与美业店院的目标顾客有相当大的重合度。可见，美业和视频存在高度匹配，这意味着美业可以在视频平台获得很好的发展，能够实现精准获客。所以，无论是从流量聚集地还是从美业与短视频的共通点来看，美业都应当入局视频营销。

美业之所以要入局视频营销的理由或许还有很多，如新增拓客渠道、多渠道营销，但归根结底来说，核心理由是"趋势"——顺应时代发展的趋势。美业的市场竞争激烈，只有率先顺应市场的人，才能突出重围，成为行业的佼佼者。

在互联网时代，我们永远不知道能吸引用户的下一种营销方法是什么，但是可以明确的是，短视频无疑是当下较受欢迎的一种拓客、营销渠道。美业店院想要在激烈的市场竞争中脱颖而出，就必须紧跟信息和流量时代的发展步伐，入局短视频，积极促进行业的发展和转型，这样才能成功获客。

❷ 基于用户画像进行精准账号定位

用户画像又称用户角色，是指将用户的每个具体信息打上标签，然后利用这些标签将用户形象具体化，从而为用户提供有针对性的产品和服务。用户画像最初用在电商领域，帮助商家锁定目标顾客，为实现精准营销搭好桥梁。随着大数据时代和短视频时代的到来，越来越多的短视频创作者将用户画像用于短视频的运营中，在注册账号、发布短视频之前，他们首先会基于用户画像进行精准账号定位。

精准账号定位是指明确短视频面向的用户，以及创作的方向、形式和内容。只有这样才能输出用户喜欢的内容，从而吸引流量，实现流量转化。美业入局视频营销的根本目的就是锁定目标客户群，吸引流量并实现转化。所以，美业顾问必须在注册账号之前基于用户画像进行精准账号定位。

获取数据，绘制用户画像

基于用户画像进行精准账号定位的前提是获取用户数据，绘制用户画像。那么，如何获取有效数据呢？

在获取顾客数据时，美业顾问可以利用以下几个技巧。

（1）一度咨询与诊断

美业顾问可以通过对顾客的一度咨询与诊断来获取顾客的原始数据并建立顾客档案。获取这些数据花费的成本比较低，但是有可能得来的数据不全面。例如，顾客会针对皮肤症状与需求方面沟通的更多，但对于职业、收入、兴趣爱好等就不一定会在第一次咨询的时候深入告知。

（2）会员制

一般美业店院都会采取会员制，顾客注册会员需按要求填写相关的信息，这也是获取顾客数据的一个渠道。但是这种方式可能无法挖掘到深层次的数据，大多数只是表层信息，如年龄、学历、家庭背景等。

（3）趣味活动

美业顾问可以结合当下的一些热点来设置一些趣味活动，从而获取顾客信息。例如，当下护肤博主很火爆，那么我们可以设置一个"你离护肤博主有多远"的测试。在这个测试中我们可以列出想了解的问题，如职业、护肤经历、护肤产品等，有针对性地获取信息。

（4）问卷调查法

这是比较简单、直接的一种获取顾客信息的方式。美业顾问可以根据想了解的信息制作问卷调查表，然后发送给顾客，通过问卷来获取信息。建议美业顾问在采取问卷调查法的时候给予适当的奖励，这样可以提高问卷的完成度和用户参与率，调查得来的数据也更加精准。例如，可以赠送顾客免费体验项目。

获取用户数据的方式有很多种，这就要求美业顾问要时刻留意、观察顾客的一言一行，并认真记录顾客的相关信息，为绘制用户画像、精准定位账号做好准备工作。

整理数据，分析用户画像

在得到初步的用户数据后，美业顾问还需要对这些数据进行归纳、整理，并建立顾客档案表，如表4-1所示。

表4-1 顾客档案一览表

序号	姓名	年龄	会员有效期	兴趣爱好	性格特点	年度收入	现有等级	"动产"/"不动产"	*年度消费额	卡内余额	面部余额及余次	身体余额及余次	产品余量	其他项目余次	*年需求排序	*目标设置	美容师	顾问	店长	档案号
1																				
2																				
3																				
4																				

续表

序号	姓名	年龄	会员有效期	兴趣爱好	性格特点	年度收入	现有等级	"动产"/"不动产"	*年度消费额	卡内余额	面部余额及余次	身体余额及余次	产品余量	其他项目余次	*年需求排序	*目标设置	美容师	顾问	店长	档案号
5																				
6																				
7																				
8																				
9																				
合计																				

通过一览表上的信息我们可以为顾客打上标签。

顾客：×××

生日：××××年××月××日

年龄：××岁

标签：高端优质客户　大客户　近期到店　高净值　瘦腿　面部补水

单个用户画像绘制好后，美业顾问还应根据单个用户画像来绘制目标用户群的画像。

用户群画像一般有以下几个维度。

（1）性别分布

用户群画像性别分布，如图4-3所示。

用户群画像
性别分布　94%　　　6%
　　　　　女性　　　男性

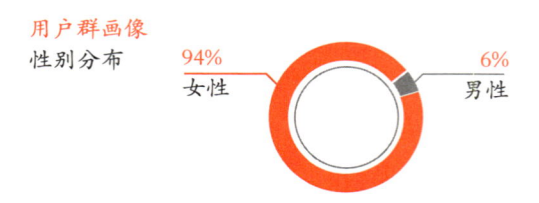

图 4-3　性别分布

（2）年龄分布

用户群画像年龄分布，如图 4-4 所示。

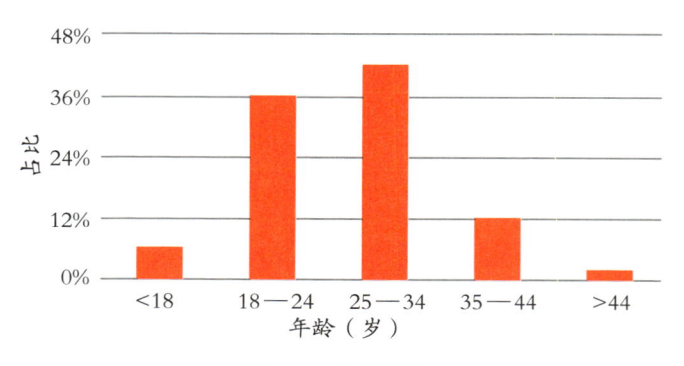

图 4-4　年龄分布

（3）区域分布

用户群画像区域分布，如图 4-5 所示。

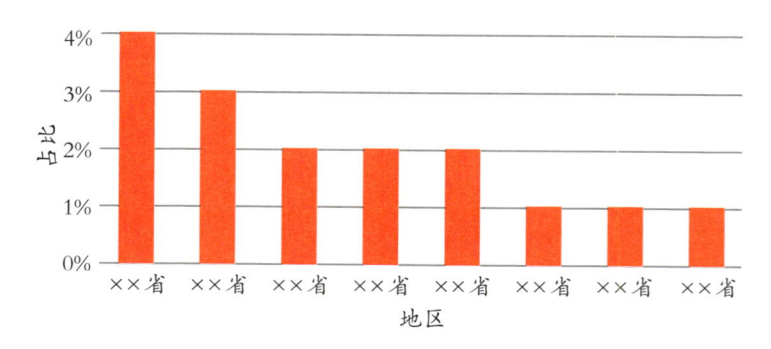

图 4-5　区域分布

（4）用户兴趣分布

用户群画像兴趣分布，如图4-6所示。

观众兴趣分布

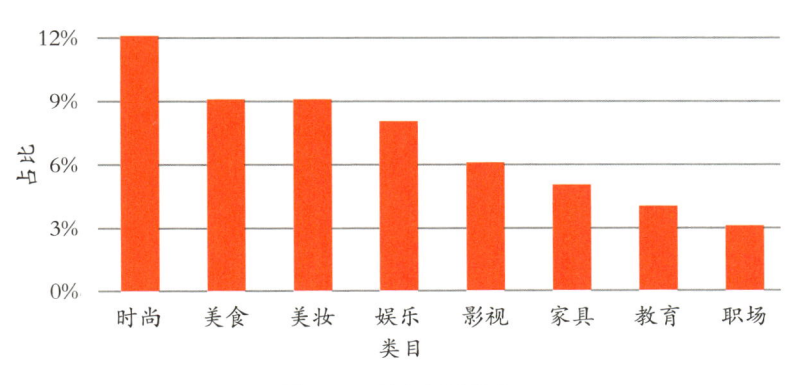

图4-6 观众兴趣分布

（5）不同年龄喜欢的医美项目分布

用户群画像不同年龄喜欢的医美项目分布，如图4-7所示。

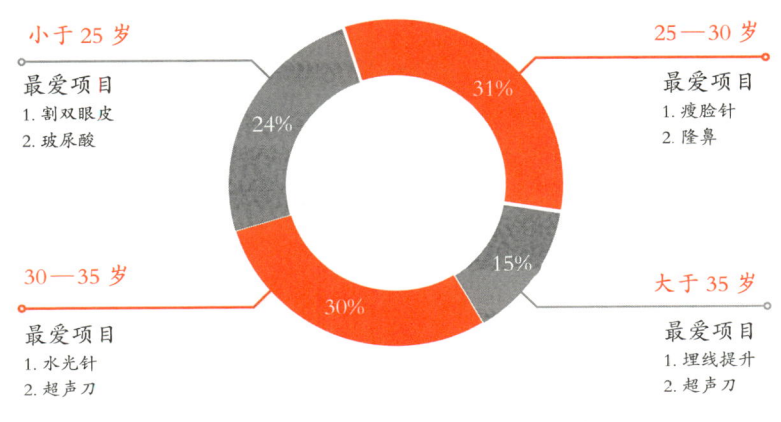

小于25岁
最爱项目
1. 割双眼皮
2. 玻尿酸

25—30岁
最爱项目
1. 瘦脸针
2. 隆鼻

30—35岁
最爱项目
1. 水光针
2. 超声刀

大于35岁
最爱项目
1. 埋线提升
2. 超声刀

图4-7 不同年龄喜欢的医美项目分布

用户维度越多、标签越多，越利于具象用户画像，越容易实现精准账号定位。所以，美业顾问可以根据店院顾客的信息，从多个维度来绘制用户画像。

基于用户画像，精准定位账号

绘制好用户画像后，我们就要根据画像来精准定位账号。

例如，用户画像的标签如下。

> 30—45岁　消费实力较强　大牌　抗衰
> 补水　紧致　瘦脸　水光针　玻尿酸

从用户画像可以看出该用户属于新中产群体，对抗衰、提拉紧致比较感兴趣，那么账号可以定位为品牌护肤知识讲解、好物推荐，并以有趣、新颖及有质感的形式来进行展示。

对于美业店院来说，要想突破经营困境，需要获得的是有效且可以成功实现转化的流量。基于用户画像进行精准账号定位可以帮助美业店院锁定目标用户，吸引可以转化的有效流量。所以，美业顾问不应草率入局视频营销，在此之前一定要绘制好用户画像，并基于此精准定位账号。

❸
"主平台+多平台"布局模式

在人人都喜欢看视频的时代，视频平台也如雨后春笋般涌现，而且各大平台都会大力扶持优质作者创作视频。因为选择太多，导致一些美业顾问不知道究竟要运营哪一个平台，担心捡了芝麻丢了西瓜。虽然说流量越多越好，但是人的精力是有限的，我们应该把主要精力集中起来去攻打主平台，然后顺带运营其他平台，也就是我们说的"主平台+多平台"布局模式。

"主平台+多平台"布局有以下几个优势。

（1）引流渠道多

相比单一平台运营，多平台运营能够拓宽引流渠道，为店院吸引更多流量。

（2）协调发展

每个平台都有自身的优势，多平台运营可以实现协同发展，放大营销效果。

（3）内容多样化，最大程度吸引目标用户

不同平台的内容不同，例如短视频跟中视频的内容不同，能够迎合不同用户群体获取信息的习惯，从而吸引更多用户。

（4）扩大店院知名度和影响力

布局的平台越多，信息传递的受众面越广，店院的知名度和影响力就会越大。

（5）降低运营风险

知名的诺贝尔经济学奖得主詹姆士·托宾（James Tobin）曾说过："不要把鸡蛋放在同一个篮子里。"这句话的本质正是投资风险分散的原理。"主平台+多平台布局"也是基于这个原理，可以帮助店院降低账号运营的风险。例如，某个作品发布到 A 平台获取的流量较少，但是发布 B 平台获取的流量却很高。

所以，为了尽可能多地吸引流量，扩大店院的影响力和知名度，降低运营风险，美业顾问可以尝试布局"主平台+多平台"的视频营销模式。

确定主平台

确定主平台的前提是了解市面上比较受欢迎的视频平台，并深入了解这些平台的运营规则、核心逻辑、平台调性等。再根据店院的用户画像、经营模式、经营项目等选择与之相匹配的主平台。一般建议选择1—2个平台做为主平台。

在本章的第一节我们分析了抖音平台的用户画像，发现该平台的用户与美业店院的潜在顾客有相当大的重合度。从另一方面来说，这些年轻的用户购买力大，追求新颖，有利于美业店院的业绩提升。所以，如果店院刚刚入局视频营销领域并为选择平台犯愁，那么不妨尝试将抖音平台作为主平台。

无论选择哪个平台作为主平台，都建议在刚开始阶段要将所有精力放在主平台的运营上。致力研究清楚该平台的相关规则，精细运营，努力将自己的账号打造成受欢迎的账号。

多平台运营

在主平台运营稳定的情况下，美业顾问可以去不断尝试新的平台，以实现全平台引流。

除主平台之外的其他平台，一般只需将发布到主平台的内容同步分发到其他平台即可。不同平台对内容的要求可能不同，所以美业顾问还应根据平台的要求适当调整内容，然后发布视频。总之，不需要在其他平台上过多地花费时间和精力。

人的精力是有限的，"主平台 + 多平台"布局运营并不是一件容易的事情，美业顾问除了要选择合适的主平台并掌握多平台运营的一些技巧，还应不断提升以下几个能力。

（1）对平台的理解力

要对运营的平台，尤其是主平台有深刻的理解，能够基于平台的逻辑和趋势打造优质内容。

（2）跨平台的整合能力

运营"主平台 + 多平台"应发挥"1+1＞2"的效果。这就要求美业顾问具备跨平台的整合能力，能够根据平台属性来调整视频内容，将合适的内容发布到合适的平台上。

店院入局视频营销的根本目的是实现流量最大化，成功拓客，"主平台 + 多平台"布局模式正好可以满足店院的这个需求。所以，美业顾问入局视频营销不能紧盯一个平台，还应尝试"一心多用"，做到最大限度地触达用户，实现最大化引流。

❹ 人格化账号 + 优质垂直内容

在浩瀚如海的视频账号中，我们的账号如何才能脱颖而出，吸引流量？这是美业顾问在注册视频账号之前就应当认真思考并解决的问题。

纵观那些关注度高、流量多的视频账号，我们不难发现，这些账号大多是一些特色凸显，能够与用户产生强烈的情感链接，内容优质，且在某一领域持续深耕的账号；"特色突出，能够与用户产生强烈的情感链接"就是我们所说的"人格化账号"；"内容优质，且在某一领域持续深耕"是我们所说的"优质垂直内容"。所以，概括来说，我们的账号要想脱颖而出就应打造人格化账号，并持续输出优质垂直内容。

人格化账号

美业店院打造人格化账号有利于连接顾客，吸引流量。美业顾问可以从以下几个方面入手来打造人格化账号。

（1）个性化的标签

人格化账号一定要有突出其特点的个性化标签。这里的标签主要是指账号名称、账号头像、主页背景图、账号简介等，这些标签能够直观体现账号定位和内容风格，可以给用户留下深刻的印象。例如，账号名为"××美容课堂"，头像是美业顾问的人像，主页背景图是店院的门头或证书照片，账号简介是"关注××美容课堂，和××一起学习美容养生知识"。

（2）真人出镜

打造人格化账号最简单、最直接的方式是真人出镜。真人出镜可以增强用户的信任感，消除距离感，更容易在用户心中留下印象。真人出镜的账号要注意的是，建议长期稳定地由一个人或两个人出镜，避免多人出镜，减弱账号的人格化特征。

（3）真人语音解说

如果有些内容不适合真人出镜或者不想由真人出镜，那么可以用真人解说的方式来传达视频中的内容。解说要做到吐字清晰，尽量使用普通话，避免使用变声器或机器合成音等方式加工语音。与真人出镜相同，语音解说也应尽量固定地由一个或两个声音解说，避免减弱账号的人格化特征。

除了以上几点，美业顾问还可以从视频的开场白、结束语、出镜人的口头禅、招牌动作以及剧情化的视频内容等方面打造人格化账号。

人格化账号的本质就是突出风格、凸显个性，所以美业顾问应根据店院的定位、项目特色等，打造特色鲜明的人性化账号。例如，某漫画将 2 个漫画人物作为主角，将漫画故事制作成视频并发布到平台，深受用户欢迎。这就是典型的人格化账号，这种打造人格化账号的方式值得美业顾问学习与研究。

优质垂直内容

优质垂直内容是美业顾问制作视频的两个维度，无论是平台还是用户，他们都喜欢优质垂直内容。对于美业店院而言，制作优质垂直内容不仅可以突出自身的特点，还可以提升可识别度，让用户记住自己。

（1）优质内容

何为优质内容？判断视频内容是否优质的维度有很多，例如是否违反平台规则、是否涉及敏感词汇、表达是否流畅等。除了一些基本的标准外，判断视频内容是否优质的关键词是"价值"，即内容是否能为用户带来价值。优质的内容一定能为用户带来价值，这也是视频内容吸引用户的关键因素。所以，美业顾问在创作视频内容的时候应从"为用户提供价值"入手，创作能够为用户带来价值的内容。例如，分享"如何健康减肥""夏天对抗痘痘的小妙招""3 个动作教你祛除湿气"等。

（2）垂直领域

所谓的垂直，就是选择一个自己适合或擅长的领域，然后持续地输出与这个领域相关的内容。

> 某美业店院发布了一条关于"如何健康减肥"的短视频，用户××刚好想了解如何健康减肥这个问题，于是观看了视频，并关注了店院的账号。很多用户之所以关注这个店院的账号，是想多了解一些关于减肥、健身、美容方面的问题，但是他们关注后发现这个账号并没有持续地更新减肥、健身、美容相关的内容，而是今天发布"如何提升表达力"的视频，明天发布"如何挑选水果"的视频。几天后，不少用户果断地对该店院的账号取消了关注。

从以上案例中不难看出，内容垂直对账号运营的重要性。发布垂直内容不仅可以吸引用户、留住用户，还能够突出店院特色，实现精准引流。领域划分越细致，内容越垂直，就越能精准地吸引目标用户。例如，美业包括美发、美甲、护肤、微整形等，我们可以选择护肤作为自己的垂直领域。

无论是从用户需求，还是从店院引流的角度来说，美业顾问都应当在某一领域内持续深耕，创作垂直内容。

❺ 从注册到发布的运营策略

在掌握各种视频的运营技巧之前，美业顾问需要修炼的是基本功——掌握从注册到发布的运营策略。

注册账号

在注册账号之前,美业顾问应基于账号定位、账号内容以及想打造怎样的人格化账号为视频账号取一个昵称,例如"×××的美容小课堂"。昵称也可以直接以店院的名字命名,如"××美容院"。

取好昵称后,我们可以着手开始注册视频账号。下面我们以抖音平台为例,介绍如何注册账号。

第一步,在手机应用商店下载抖音 App 并打开。这时候页面会直接识别自己的手机号码,我们可以选择用该手机号一键登录,也可以使用其他手机号,然后勾选下方的阅读条款,如图 4-8 所示。

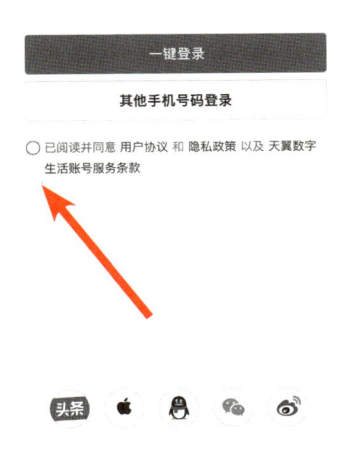

图 4-8 手机端注册账号

除了手机端,我们也可以在电脑端注册账号。在浏览器中搜索抖音并打开,如图 4-9 所示。

图 4-9　计算机端注册账号

然后点击上方的登录按钮，如图 4-10 所示。

图 4-10　"登录"

最后点击验证码登录。在这里输入自己注册用的手机号并输入验证码，点击下方的"登录/注册"就完成了注册，如图 4-11 所示。

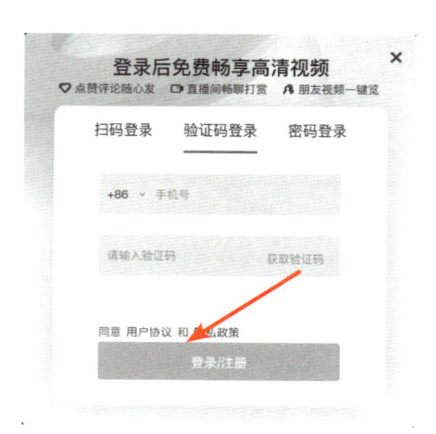

图 4-11　登录/注册

第二步，完善账号资料。添加账号头像、昵称和简介，如图 4-12 所示。在介绍"人格化账号"的时候我们提到过要想打造人格化账号，就要在头像、昵称和简介上体现人格化特征，并介绍如何设置这些内容。

图 4-12　添加头像、昵称和简介

账号注册成功之后，不用急于发布视频，可以先浏览相同领域的其他账号进行观摩学习，并互动、点赞，提升账号权重。

视频平台的注册方式往往大同小异，大多数都可以直接用手机来完成账号注册，这也是比较简单容易操作的一种方式。

拍摄技巧

美业店院拍摄的视频一般不会太复杂，因此前期只需要掌握一些简单的拍摄技巧即可，如拍摄取景、镜头运动、镜头角度等几个方面的技巧。

（1）拍摄取景

拍摄取景，分为全景、中景、近景、特写等。比如，从外部拍摄美业店院的整体环境属于全景，旨在展示店院的规模、位置、品牌等；进入店院之后从某一个角度拍摄店院内部的整体环境属于中景，旨在展示店院内部环境和氛围；对美容师的服务场景进行拍摄属于中景，旨在展示店院服务现场；对美容师的服务手法进行拍摄属于特写，旨在展示店院服务细节。

（2）镜头运动

镜头运动方式，包含了推、拉、摇、移、跟等。

①推是指拍摄对象不动，摄影师匀速向前推动镜头，可以分为慢推、快推和猛推。

②拉是指拍摄对象不动，摄影师匀速向后拉远镜头，同样可以分为慢拉、快拉和猛拉。

③摇是指拍摄者的位置不动，摄影师匀速旋转镜头进行拍摄。

④移是指将摄像机或者手机固定在可以水平滑动的设备上，然后摄影师借助设备进行水平移动拍摄。

⑤跟是指摄影师一直跟踪拍摄对象的动作进行拍摄。

（3）镜头角度

镜头的角度，一般分为平视镜头、俯视镜头和仰视镜头。平视镜头即我们日常观察事物的视角，给人一种平稳、客观、冷静的镜头感；俯视镜头通常用来表现空间环境的广度、规模以及整体气氛；仰视镜头通常用来营造夸张、高大的形象感。

不同的内容应采用不同的景别、运镜方式和镜头呈现，这样才能够凸显视频特色，突出内容。所以后期美业顾问可以不断摸索、尝试更多的拍摄技巧，拍摄出形式多样化的高质量视频。

剪辑技巧

美业店院拍摄的视频不会太复杂，因此也不涉及复杂的剪辑工作，美业顾问只需掌握一些简单的剪辑技巧即可。

（1）选择容易操作的剪辑软件

市面上的剪辑软件有很多，美业顾问可以下载一些口碑比较好的软件。然后了解软件的相关功能并上手实践，最后选择一个易操作且合适的剪辑软件。

（2）整理视频素材

对拍摄的视频素材进行初步整理，删除一些画面模糊、内容不符的素材。一些软件自带粗剪功能，可以一键粗剪，删除一些价值不大的素材。

（3）整理背景音乐

美业顾问平时就要建立音乐库。建议选择一些舒缓、柔和的音乐作为视频的背景音乐。

（4）整理脚本构思

根据脚本内容、用户群特征来构思视频的展现形式、节奏等，然后按照构思的逻辑顺序来剪辑视频。

发布视频

为了获取更多的流量，美业顾问在发布视频的时候还应注意以下几点。

（1）选择合适的发布时间

根据发布内容选择合适的发布时间。一般来说，19点到23点是观众观看美妆护肤类视频的高峰期，所以在这段时间发布此类视频比较容易吸引流量。但其实并没有统一的最佳发布时间，只有不断摸索出更合适发布视频的时间。

（2）拟一个有吸引力的标题

标题要简明扼要，可以加入悬念、反问等。标题决定了视频的点击率，是吸引流量的关键因素。如"冬季干性皮肤该如何保湿呢？做对这3点，让你的肌肤喝饱水"。

（3）设计一个精彩的封面

选择精彩的、有趣的或能传递价值的画面作为封面，可以吸引用户点击视频。

（4）积极评论和私信

视频发布出去后可能会收到一些评论和私信，这些都是将观众转化为顾客的有效方式，因此要积极回复这些评论和私信。

除了以上几点，美业顾问在发布视频的时候还应注意规避以下几个问题。

①不要过分关注播放量，要关注转化率。播放量只是数据，转化率才是拓客成功的标志。

②坚持发布视频。不要因为播放量不高就失去信心，只有坚持发布，才能不断积累流量、吸引流量。刚开始起号的时候，要

尽量做到日更，如果能做到每日两更那就更好了。

③尽量降低拍摄成本，选用简单有效的拍摄方式，用内容质量获取流量。例如，可以拍摄一些顾客进店时的有特色的仪式感、护理时的实际场景等。

④在简单拍摄的基础上，不断地去测试各种方式，找到能够吸引流量的方式，然后按照这个方式持续输出。

上面介绍的从注册到运营的一些基本内容，对于准备入局视频营销或者已经开始尝试视频营销的美业顾问来说，都是基本的也是必备的操作。当然，如果是连锁门店，很多上述提及的专业工作企业总部的市场部或流量部都会协助美业顾问做好，所以只需要积极配合就好。当然，如果想在视频营销这条道路上走得更远，为店院获取更多的流量，美业顾问还要积极摸索和研究账号运营的相关技巧和策略。

❻ 适合美业拍摄的视频类型

不同行业的目标用户不同，而且即便是同一个行业，经营的产品不同也会导致目标用户不同，所以美业店院还应根据自身的目标用户群体找准赛道，选择适合美业拍摄的视频类型。

一般来说，适合美业拍摄的视频类型有以下四大类，如图4-13所示。

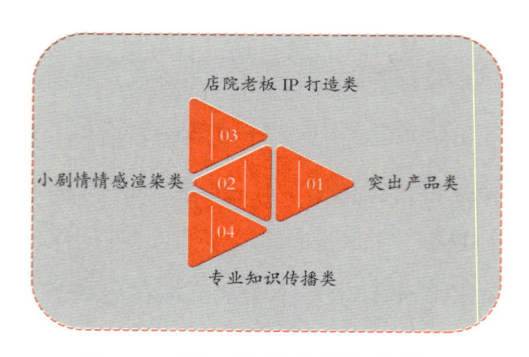

图 4-13　适合美业拍摄的视频类型

突出产品类

突出产品类视频是指以产品和项目为主的视频，常用做法就是在美容房的场景中，通过沉浸式护肤体验来介绍产品或项目的体验感受、效果呈现及操作过程等，旨在帮助顾客深入了解产品和项目。

突出产品类视频的特点如图 4-14 所示。

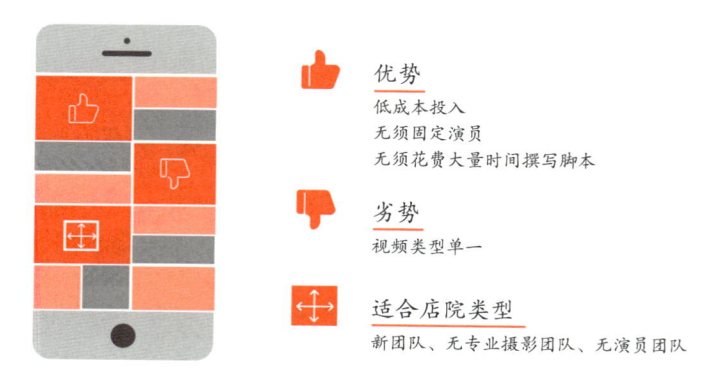

优势
低成本投入
无须固定演员
无须花费大量时间撰写脚本

劣势
视频类型单一

适合店院类型
新团队、无专业摄影团队、无演员团队

图 4-14　突出产品类视频的特点

产品和项目是店院运营的核心，也是吸引顾客的关键。数字化时代，不少顾客去美业店院之前都有做"功课"的习惯。他们希望先了解产品和项目的相关信息，然后根据自己的需求进行选择。因为突出产品类的视频可以满足顾客的这类需求，所以比较受顾客的欢迎。

小剧情情感渲染类

剧情类视频一直深受各大视频平台用户的欢迎，这是因为人们生来就喜欢看故事，容易与故事中的人物产生共鸣。聚焦于情感故事、娱乐搞笑故事的小剧情视频通常以一个场景、一段对话来展示剧情，具有内容简短、情感冲击强、投入成本低的特点。具体来说，小剧情情感类视频的特点如图 4-15 所示。

优势
形式新颖、灵活
能引起用户共鸣、情感投入、愉悦用户可多方面地表达店院的品牌、服务和定位

劣势
投入成本高：场地投入、人员投入

适合店院类型
成熟团队，有一定摄影、剪辑基础，有密切团队合作

图 4-15 小剧情情感类视频的特点

美业店院可以根据店院的特色来创作小剧情情感渲染类视频，从情感层面或愉悦顾客层面去连接顾客、吸引顾客。

美业店院的情感小剧场

顾客："你好，请问现在可以做脸吗？"

店员 A（悄悄话）："你看那位女顾客又来了，真烦人。"

店员 B（悄悄话）："她每次过来就洗个脸，什么产品、项目都不买，还自己带产品，真的很烦。"

店员 A："不好意思，我们现在这个时间段预约的客户比较多。

如果您没有提前预约的话,暂时没有时间给您做。"

顾客:"没关系,那我等会儿。"

(转场)

顾客:"你好,你是美容师吗?"

老板:"是的,有什么需要帮忙吗?"

顾客:"你可以帮我做个脸吗?我已经等了很久,我待会还要去见个客户。"

老板:"这个点美容师都下班了。没事,你跟我来吧。"

(转场)

老板:"感觉这个手法怎么样,轻重如何?"

顾客:"比之前舒服多了,你叫什么名字呀?"

老板:"其实我是这家店的老板,下次你来可以提前跟美容师预约,这样你就不用等那么久了。"

顾客:"老板也会做护理啊,而且还这么专业。我以前都是自己带产品过来,好多美容师都不愿意给我做。我的卡里已经没有多少钱,本来想换家店,今天刚好见客户要路过,就临时过来了。没想到还等到了老板亲自上阵给我操作,我很享受这次服务。结束后,我来续费,你帮我操作下,我要再充值5万元。"

老板:"服务好每一位顾客是我们的宗旨,况且您还是我们的老顾客。下次您来可以直接找我,我亲自给您安排美容师。您也不用一次充这么多钱,你可以先续充2万元。"

顾客:"没关系,就充5万元。有你在这里,我放心把钱存在卡里。"

老板:"感谢您对我们的支持和信任。"

这种以美容店院为场景的情感剧情视频更能引发顾客的共鸣,吸引顾客观看。

店院老板 IP 打造类

不少企业家通过视频成功打造了个人 IP，为自己的品牌和企业代言。对美业店院的老板而言，通过打造个人 IP 让顾客认识你、了解你、认同你及信任你，这样顾客更容易因为信任老板的为人而更愿景为产品或项目买单。

因为有真人出镜，并且是老板亲自出镜，所以店院老板 IP 类视频更能吸引顾客、打动顾客，其特点如图 4-16 所示。

优势
形式新颖、灵活
通过老板的创业故事吸引用户关注，能引起用户共鸣，情感投入

劣势
投入成本高：场地投入、人员投入

适合店院类型
成熟团队，有一定摄影、剪辑基础，老板可高度配合，适合单独门店（不适合集团品牌门店）

图 4-16 店院老板 IP 类视频的特点

店院老板 IP 类视频的内容主要介绍老板的创业经历、日常工作、观点看法、处事方式、思维模式等。例如，某美业店院老板的视频账号简介为"记录一位来自河南农村女孩的逆袭人生 / 创业 8 年白手起家 /××机构运营会长"，并在视频内容中更新自己工作的日常，这就是一个典型的店院老板 IP 类账号。

专业知识传播类

美业店院的顾客除了对门店的项目和服务感兴趣，还对专业护肤知识感兴趣。专业知识传播类视频是指通过视频的形式向顾客介绍专业的护肤知识，或者呈现专业的护肤操作过程。例如，某美业店院的视频内容为"在皮肤管理中，××的全套使用方法及作用标准化全过程"。

对顾客而言，专业知识类视频可以为他们带来知识，传递价值，因此这类视频也深受他们的喜欢。专业知识类视频的特点如图 4–17 所示。

优势
专业易操作、效果明显
踩中顾客的知识盲点

劣势
投入成本高
专业人员要求高

适合店院类型
成熟团队，有一定摄影、剪辑基础，有专业技术人员配合出镜

图 4–17　专业知识类视频的特点

视频的种类有很多，适合美业拍摄的视频类别并没有限制。但美业店院要想吸引顾客，就应当根据店院的项目、服务、战略定位、目标用户群等方面来选择合适的视频类型。总结来说，美业店院应当从 4 个维度找准视频的定位，即用户需求、运营团队、角色配合、店院配合，如图 4–18 所示。

用户需求
迎合用户喜好
根据用户需求输出

运营团队
团队产出能力
团队协作能力

角色配合
是否有固定演员
是否能高度配合

店院配合
是否影响正常运营
是否有场地

图 4–18　美业店院找准视频类型的 4 个维度

找准视频类型定位，才能找对视频运营的方向。方向对了，视频的运营会更加顺利，更能吸引顾客。

❼ 美业优质视频的 3 个维度

美业顾问要想通过发布视频来获取流量，就需要考虑流量来源的两个方面：平台和用户。从平台方面来说，只有遵循平台规则的优质视频才能获得推荐，从用户角度来说，内容有价值、形式有趣的视频才能获得他们的喜欢。可见，无论是平台还是用户，对视频的本质要求都是内容优质，而要拍摄优质内容就必须遵循以下 3 个维度，如图 4-19 所示。

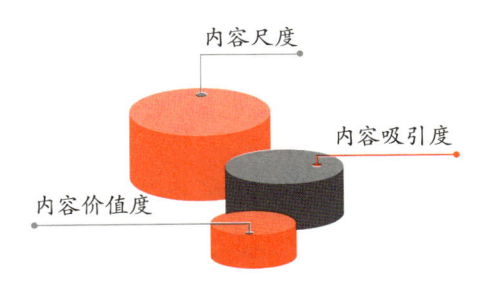

图 4-19　美业优质视频应遵循的 3 个维度

内容尺度

美业拍摄视频的内容尺度主要是指以下两个尺度。

（1）平台规则和法律规范

无论创作什么内容的视频，都必须严格遵守平台规则和法律规范，禁止发布黄赌毒、负能量等粗俗内容。

某平台社区公约

①**请分享经过科学论证的内容**。科学是引导我们认识世界和自己的一套强有力的方法，也极大改变了我们的日常生活。科学能够被实验重复，且能被证实证伪，使得它在总结规律、预测趋势上有较强的可依赖性。但在健康建议、商业宣传等领域仍然藏匿着一些伪科学言论。如果你想分享这些领域的心得，请确保你所分享的内容是科学的。

②**请尽量避免过度修饰**，尤其在美妆、穿搭、探店等为他人提供建议的领域。×××社区之所以广受欢迎且长期繁荣，核心原因是社区里活跃着一群乐于为他人提供真诚建议和帮助的成员，他们持续不断地分享真实、多角度的内容。人人皆有爱美之心，你可以适度美化笔记内容，但请记住，你分享的内容随时可能会被他人当作决策依据，因此修饰和美化应以不产生误导为衡量标准。

③**请不要分享过度裸露或性暗示的内容**。社区明确禁止发布裸露或性暗示内容。如果你的分享是用于教育、医疗目的，或者性别平等等公共利益，请严格遵守伦理规范，最大可能避免发布那些带有暗示、挑逗或引起不良联想的内容。谈论性和身体相关的话题应以受众觉得是否妥当为标准，这需要分享者主动承担起责任。

（2）广告适度

各大视频平台都禁止打广告，而且大多数用户也对广告比较敏感，容易产生抗拒心理。所以，无论从哪个角度说，视频内容中的广告都要适度，一定不要在视频的开头或者全篇都让观众有一种在看广告的感觉。建议美业顾问根据视频内容巧妙地插入广告，且时间和篇幅不宜过长，3—5秒即可。

内容吸引度

内容的吸引度是吸引流量的一个重要维度，考验的是视频内容的创意和展现形式。美业顾问可以用比较新颖的方式来呈现视频内容。例如，将"你脸上的痘痘究竟是如何诞生的？"这种比较有冲突感或有悬念的信息放在视频的前面。

保证内容有足够的吸引度，才能保证视频的点击率。所以，美业顾问应积极钻研如何提升内容吸引度，不断创新并用观众意想不到的形式来呈现内容。

内容价值度

内容价值度是指要保持内容的价值性和完整性，要可看、耐看、有趣好玩或能够让观众有"涨知识"的感觉。

美业顾问要想提升内容的价值度，可以从以下几个方面入手。

（1）新鲜体验

人会本能地喜欢新鲜事物和新奇的体验，因此很多创作者创作了有趣、好玩的视频，并获得了大批用户的关注。美业顾问也应从这个价值度入手，创作出能给用户带来新鲜体验的内容。

（2）信息获取

视频不仅是人们娱乐的方式，更是人们获取信息、分享知识的窗口。

例如，美业顾问可以通过视频的方式与用户分享护肤知识、美容知识等。

（3）情感联结与共鸣

视频可以记录生活，也可以表达情感、分享观点，通过情感与观众产生联结与共鸣。在生活节奏快的时代，人们对情感的需求比较大，所以比较喜欢能够与自己产生联结，可以引发共鸣的视频。因此，美业顾问在创作视频时也应考虑情感层面，产出一些能够引发顾客共鸣的视频。

视频的核心是内容，能否吸引用户、获得传播的关键也在内容，所以美业顾问应当在创作内容上花更多的时间和精力。除了必须遵循以上3个维度外，还要积极研究出能够引爆流量的爆款内容。

❽ 如何拍摄拓客视频

美业入局视频营销的初衷是解决拓客难题，所以美业顾问应该积极探索的问题不是如何拍摄视频，而是如何拍摄出高流量、高转化的拓客视频。

一般来说，拍摄拓客视频需要掌握以下3个要素，如图4-20所示。

图4-20 拍摄拓客视频的3个要素

明确主题

每一条视频都必须有明确的主题。明确的主题有利于美业顾问明确视频创作的方向,创造出优质的内容。同时,也让观众可以清楚地看到、理解美业顾问要传递的内容。这是拍摄拓客视频不可忽视的事情。

如果发布的视频有点赞、涨粉以及一些不相关的评论,但是没有任何人咨询项目,遇到这种情况美业顾问就应当思考,视频内容是否偏离了主题。

撰写脚本

脚本是故事的发展大纲,我们可以理解为拍摄视频的目的是什么,要讲述什么事情,以及这件事情发生的时间、地点、角色、动作等。脚本包含了视频内容的拍摄和呈现形式,脚本越细致,越有利于我们开展拍摄工作。

具体的视频脚本如表4-2所示。

表4-2 视频脚本

拍摄场景	镜号	画面内容	景别	拍摄机位	人物动作	台词	时长
店院前台	1	站在前台	全景	平拍	对着镜头挥手	大家好,我是你们的美容小助手××……	10秒

因为美业店院的视频通常比较简单,所以撰写脚本的时候不一定要列出表4-2那么多维度的内容,美业顾问可以根据实际情况调整脚本。

准备物料

美业店院的视频一般不涉及太复杂的内容，所以使用的工具相对比较简单。一般来说，美业店院拍摄视频需要的工具主要包含以下两个方面。

（1）场景布置类

如果门店装修简单大气或者风格突出，那么不需要过多布置场景，只需要店内干净、物品摆放整齐即可。如果门店装修比较简陋，那么可以适当添加一些装饰，如小摆件、装饰画等。

（2）拍摄工作类

拍摄工作类是指拍摄会用到的工具，包括手机、相机、补光灯、收音器、稳定器或支架等。

美业顾问可以根据拍摄视频的实际需求来准备相关工具。建议尽可能减少工具用量，尽量降低拍摄成本，将更多的精力放在内容创作上，用内容吸引流量。

主题是核心，脚本是关键，物料是辅助，这3个要素是拍摄拓客视频必不可少的要素。在满足这3个要素的基础上，再加上一些拍摄、剪辑技巧，就可以拍摄出一个合格的拓客视频。

❾ 让顾客参与视频拍摄

让顾客参与视频拍摄，也可以说是让顾客产生内容。观众通常认为这种有顾客参与的第三方视频，比美业店院制作的营销视频更真实、更值得信赖。对美业店院来说，这类视频更有利于拓客。因此，美业顾问可以尝试让顾客参与视频拍摄，开启新的视频获客模式。

设置拍视频点

在门店装修的时候可以在店内设置一些网红打卡点，用场景来吸引顾客主动拍照、拍视频并主动转发。当然，也可以用一些奖励的方式激励顾客将拍摄的视频发布到视频平台。例如，在店内××地方拍摄视频，并介绍店院的名称以及特色项目，获得50个以上的点赞可以获得××牌的护手霜一支。

一般来说，装修风格独特的门店或区域能够主动吸引顾客拍照、拍视频，所以美业顾问可以在店面装修或店院布置上下功夫。

要注意的是，"拍照或视频打卡"的本质不仅是门店与顾客的互动，更是顾客与自己朋友圈的互动，这是两种完全不同的语境。也就是说，无论是营造场景、使用道具，还是其他方式，都必须能激发顾客分享的意愿，让顾客愿意告知身边的朋友"这家美容院值得你来打卡"。

设置互动游戏

设置互动游戏，邀请顾客参与并用视频的方式记录，也是一种比较巧妙的让顾客参与拍摄的方式。例如，"挑战10秒""瞬间变美"等游戏活动。

美业顾问不仅可以将拍摄的视频上传到店院的账号，还可以鼓励顾客分享到自己的账号，同样也可以用奖励的形式来进行鼓励。

探店视频

探店视频是指店院邀请顾客进店参观，了解并免费体验店内的项目、服务等并拍摄成视频，向粉丝推荐。一般可以邀请一些有一定粉丝量的达人来探店，可以给予一些奖励。例如网络达人可以免费体验××项目，创作者的粉丝到店购买××项目可以享受8折优惠等。

美业顾问可以根据实际情况，灵活地让顾客参与视频拍摄。但要注意的是，无论是拍摄视频还是发布视频都必须经过顾客的同意，否则就是侵犯顾客隐私，容易给店院带来法律风险。

❿ 如何实现流量转化

视频账号流量转化的直接表现是顾客通过视频进行咨询、预约以及购买。如何才能实现这一点呢？美业顾问可以从以下几个方面入手进行流量转化。

开通抖音小店

如果美业店院选择抖音作为主平台，那么在发布视频吸引流量的同时，还可以开通抖音小店，为店院引爆流量并加速转化流量。

如何开通抖音小店呢？

第一步，打开注册的抖音账号，点击右下角"我"。

第二步，打开个人抖音账号页面后，点击右上角的三条线图标。

第三步，进入"创作者服务中心"，点击"全部分类"，如图 4-21 所示。

第四步：下拉找到"开通小店"，如图 4-22 所示。

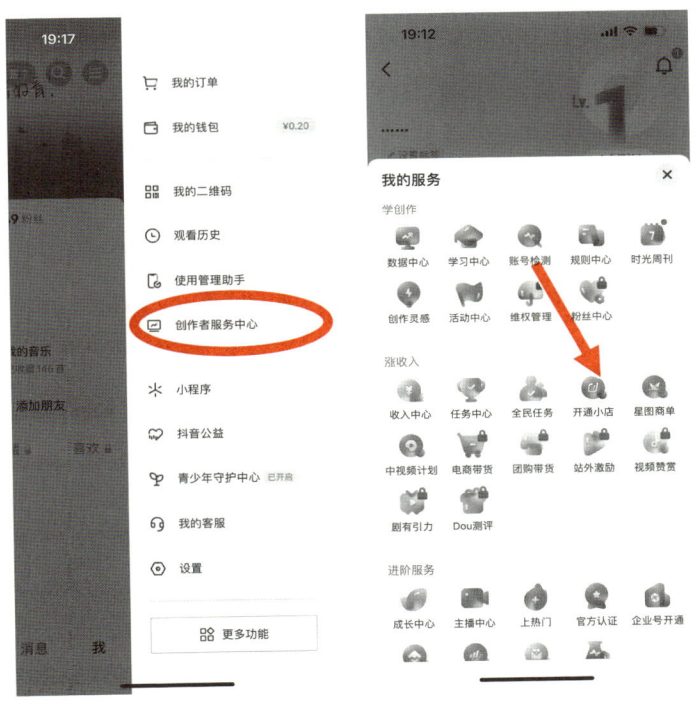

图 4-21 "创作者服务中心"　　图 4-22 "开通小店"

点击进入后，按照平台提示提供相关资料、缴纳保证金、等平台审核即可。

抖音小店有以下几个优势，可以助力店院业绩增长。

①全域兴趣电商。引爆业绩新增长。"货找人"和"人找货"双向消费路径全面启动。

②海量用户。覆盖不同圈层，为店院带来精准目标用户群。

③成交概率高。智能匹配商品，捕获高转化率用户。

④全方位营销工具。拥有商家直播、达人矩阵、头部大V等全方位营销工具。

开通团购

在抖音平台，除了可以开通抖音小店，美业店院还可以开通团购小店。我们在创作者服务中心可以看到团购菜单，如图4-23所示。

团购开店是抖音平台为商家提供的营销功能。商家可以设置组合产品套餐或折扣优惠，在抖音平台进行推广，用户在抖音平台购买后可以到实体店进行核销，如图4-24所示。

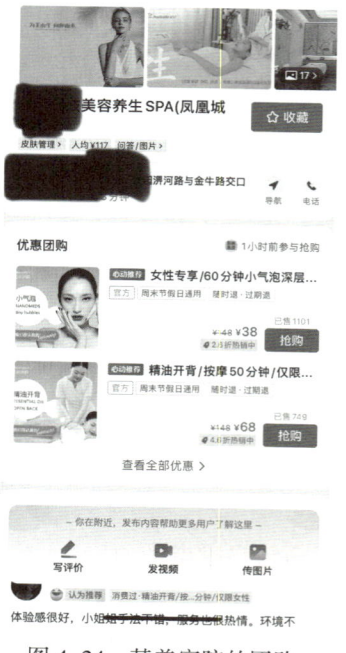

图4-23 "团购开店"　　图4-24 某美容院的团购

第4章 视频营销：美业顾问拓客的新战场

团购可以实现精准的本地营销，直接转化流量。所以，这也是美业店院不可忽视的一个引爆流量的方式。

定位店铺位置

定位店铺位置也是促进流量转化的一个方式。我们同样以抖音平台为例来介绍如何定位店铺位置。

第一步，进入抖音平台，在底部点击"+"号，如图4-25所示。

第二步，拍摄视频或选择拍摄好的视频，进入发布页面，点击"你在哪里"的选项，如图4-26所示。

图4-25 抖音"+"号　　　　图4-26 "你在哪里"

在搜索框中输入店院的位置，如P198页图4-27所示。

确认位置正确之后，点击"发布"键即可。这样用户在观看视频时就可以获知店院的地址，便于店院将线上流量直接转化到线下。

以上介绍的是一些免费的可以引爆视频账号流量、促进流量转化的方式，店院还可以根据自身实力通过付费方式来引爆视频账号的流量，进一步促进流量转化。例如，抖音平台的"小店随心推"业务，如图4-28所示。

图4-27 搜索位置　　　　　　图4-28 "小店随心推"

"小店随心推"是指通过付费的方式将带有小店商品的视频推送给目标用户，这种智能化投放广告的模式能够节约成本，提升营销效果。

大多数平台都会针对商家推出相应的引流模式，所以美业顾问应认真深入研究平台的一些功能，致力于通过平台提供的服务为店院视频账号引爆流量。

第5章

直播带货：从流量到成交的带货策略

直播带货的本质是销售，美业入局直播带货要关注流量，更要关注成交。这就要求美业顾问掌握从流量到成交的策略，从而最大化地提升直播间的流量转化率。

❶ 适合美业销售的五大直播平台

随着直播的不断发展，市面上的直播平台也越来越多。不同直播平台的属性、特点不同，因此适合的领域也不同。美业顾问要想通过直播带货来转化流量，就应当根据美业的特点去选择合适的直播平台。

通过对美业的分析，我们总结出适合美业销售的直播平台有以下5个，如图5-1所示。

图5-1　适合美业销售的直播平台

抖音直播

抖音直播是字节跳动公司旗下的人气直播平台，其优势如图5-2所示。

图 5-2 抖音直播的优势

（1）用户基数大、流量高

抖音直播是基于抖音短视频而设立的一个直播平台，可以共享抖音平台数据。在第 4 章我们介绍了抖音平台的日活跃用户已经超过 6 亿人，这 6 亿人也是抖音直播平台的潜在用户。可见，抖音直播的用户基数相当大。

（2）用户接受成本较低

抖音平台的定位是短视频内容平台，而直播属于长视频内容，可以说是抖音平台的一种业务形态的正常延伸。对于平台的用户来说，这种方式更容易接受，且更容易培养用户观看直播的习惯。

（3）用户群消费能力强

抖音平台的目标用户主要为一二线城市的年轻人群，这类人群的特点是消费能力强，而且他们喜欢直播的销售形式。

（4）强大的技术支持

抖音直播拥有强大的技术支持，例如，其精准的算法推荐可以帮助美业店院更好地触达目标用户，激发用户的购物需求，从而实现流量转化。

抖音直播也存在一定的劣势，通过抖音直播进行销售的商家有很多，美业店院想从中脱颖而出并不是一件容易的事情。

天猫直播

天猫直播是阿里巴巴集团推出的直播平台，定位是"消费类直播"，用户可以边看边买。天猫直播的主要优势如图5-3所示。

图5-3 天猫直播的优势

（1）构建品牌，降低交易成本

天猫直播是基于天猫商城而设立的直播平台，在天猫商城这种长期稳定的平台运营下，品牌、商家、用户已经形成了良好的积淀。这种状态下，入驻天猫直播可以帮助店院构建品牌能力，降低交易成本。

（2）更加直观

天猫直播更强调销售场景，更加直观，缩短了产品与用户之间的距离，让用户如同在线下门店体验一般。

（3）互动性强

天猫直播间的主播承担了线下门店导购的角色，他们通常对店院的项目和服务比较了解，能够更好地跟用户就产品与服务进行互动，从而提高直播的转化率。

（4）受众广

2022年，据阿里巴巴集团公布的数据显示，淘宝和天猫平台在国内的购买用户已超过10亿，这个数据足以说明天猫直播的受众非常广。从某种程度上说，受众广就意味着流量多。

（5）用户购买需求强

与其他直播平台的用户不同，天猫商城的用户本身就有购买需求。对本身就存在购买需求的用户来说，观看直播时更容易下单购买。

虽然天猫直播的优势很明显，但是店院要想在天猫直播平台进行直播带货，需要先在天猫商城开一家自己的店铺。要注意的是，美业店院的专业线产品大部分都有区域限制和保护措施，美业店院可以和厂家、代理商进行协商，经过对方同意后再在天猫商城开设店铺并开展直播带货。

视频号直播

视频号指微信视频号，是腾讯公司推出的短视频平台，视频号直播就是基于视频号而推出的直播平台。视频号直播的主要特点是除了可以获得公域流量，还可以最大化地引入私域流量。

公域流量也叫平台流量，是大家可以共享的流量，不属于企业和个人。例如，腾讯平台的流量就属于公域流量。私域流量是相对于公域流量而言的，是企业或个人自主拥有的、可多次触达或裂变的流量，例如微信号、微信群。

视频号从严格意义上说属于微信生态内的公域，视频号直播更具公域属性，所以通过视频号直播可以获得公域流量。在公域开展直播的同时，我们也可以将直播内容以链接、二维码或其他形式转发到私域流量池，如微信朋友圈、微信群，最大化地为直播间引入私域流量。在直播间流量扩大之后，我们还可以通过链接、二维码、口播等形式引导用户进入私域流量池，不断扩大自己的私域流量池。

对于美业店院来说，如果私域流量比较多，那么可以尝试用视频号直播。这样不仅可以为直播间做好流量铺垫，还可以在获取公域流量的同时不断引入私域流量，扩大自己的私域流量池，挖掘用户的长期价值。

小红书直播

小红书是一个分享生活方式的平台和消费决策入口，是比较受年轻人尤其是女性喜欢的社交内容电商平台。据2022年小红书商业生态大会公布的数据显示，小红书的活跃用户已经达到了2亿。小红书直播是小红书推出的直播平台，主要优势是转化效率高。小红书作为内容电商平台在直播带货上有一定的优势，用户可以直接完成从"种草"到"消费"的过程，大大提升了转化率。

美拍直播

美拍是美图秀秀推出的短视频平台，美拍直播就是基于美拍短视频而搭建的直播平台。美拍的主要目标群体是女性，她们对美妆、护肤、美容的需求比较大，且有一定的消费实力。

每个直播平台都有自己的优势和劣势，所以建议美业顾问要多研究平台属性、规则，然后根据店院的目标客户群、项目特点等选择合适的直播平台。对于美业实体店院来说，目前抖音平台和视频号平台是众多店院选择的平台，前者的公域流量池比较大，后者可以把现有的私域流量作为基础，从而容易带动更多的公域流量。其他平台基本上作为辅助平台来增加品牌的曝光度。无论选择哪一个直播平台都要明确的是，真正能够吸引用户并实现流量转化的一定是项目和服务。所以，美业顾问在选择合适的直播平台的同时，还要注重直播产品的质量。

❷ 适合美业直播的主题

选择适合的直播主题才能精准锁定目标用户，实现成交。那么，适合美业直播的主题有哪些呢？主要有以下四大类，如图 5-4 所示。

- 健康、美容知识科普
- 专业护肤手法分享
- 店内环境、项目分享
- 秒杀、真人体验"种草"

图 5-4　适合美业直播的主题

健康、美容知识科普

随着直播内容的多样化发展，越来越多的主播开始在直播平台分享科普知识，越来越多的用户倾向于通过直播的形式来学习新知识。尤其是在物质生活丰富的今天，人们对健康与美丽的需求更加强烈，希望通过直播的形式来获取相关知识，满足自己的需求。

> 2020 年 2 月 20 日，由成都×××医疗美容医院推出的直播节目"整对了吗？"全网首播。2022 年 3 月 12 日，"整对了吗？"第 200 期节目在 20 点准时上线，医院微创美容科副主任医师周某在直播中带来了"再生材料 vs 传统填充材料，该怎么选？"的分享。本次直播，仅在某视频平台，就有超过 1.2 万人观看直播，

> 创造了该节目在该平台的历史记录。这个数据背后是一群想了解"医美整形"相关知识的用户，可见知识科普类直播对用户的吸引力。

作为美业店院，不仅可以通过直播的形式向用户进行科普，吸引精准用户，还可以提升自己的专业形象，促进流量成交。所以，美业店院直播的时候可以从健康、美容方面入手，向用户科普相关知识。

专业护肤手法分享

优质的、吸引用户的直播内容一定是能够为用户带来价值的，知识科普类内容可以为用户带来价值，向用户分享专业护肤手法同样可以为用户带来价值。

> 某知名主播在直播间推荐某品牌的护肤品时，向用户分享了专业护肤手法。
> 第一步，将护肤品轻轻按压在脸上，按压完全脸后，再按摩至完全吸收，一定要由下至上地推。
> 第二步，用虎口卡在法令纹旁边的位置，轻轻向上提拉，这个手法可以有效改善法令纹。
> 第三步，针对下颌线。双手从下巴位置向太阳穴进行提拉，这个动作要重复多次。耳下的位置要稍稍按压，促进淋巴排毒。
> 第四步，V字手改善苹果肌。双手比出一个"V"，夹住苹果肌位置轻轻往上推。这个动作可以有效改善苹果肌下垂，让人看上去更年轻。

> 这4个步骤做完之后，如果手上还有多余的护肤品，可以用来涂抹手部或颈部。这样做既不浪费护肤品，又可以做好手部和颈部的保养。

像该主播分享的这种专业且操作简单的护肤手法也比较吸引女性用户。所以，美业直播可以安排专业的美容师作为主播开展直播，向用户分享专业的护肤手法。

店内环境、项目分享

美业主播可以直接将店院当成直播场地，与用户分享店内的环境，介绍店内的项目。这种方式既可以让用户有亲临现场的体验感，又可以巧妙地推荐项目，容易促成成交。

要注意的是，主播在分享店院环境的时候要避免暴露顾客隐私。如果需要顾客出镜，需提前告知顾客，经顾客同意后再拍摄。

秒杀、真人体验"种草"

超高的性价比是大多数消费者追求的目标，尤其是直播间的用户，他们观看直播带货的很大一部分原因是希望购买到性价比超高的产品，所以美业店院可以以"秒杀"为主题开展直播。例如，某抗衰中心开播的主题为"××秒杀专场"，开播结束后直播间的成交定金高达30万元，单品转化率高达75%。

美业店院可以根据店院的实际情况和项目特点，不定期推出"秒杀"直播活动。例如，下表为某美容院双十一期间的直播秒杀营销方案，如表5-1所示。

表 5-1 双十一期间直播"秒杀"营销方案

	项目	秒杀价格 9.9 元	包含内容	备注
9.9 元专区	激光脱毛	每天 11:11 限时秒杀，限时 20 分钟	/	/
	面部基础保湿补水		/	/
	激光祛斑		/	/
	祛痘套餐		/	/
	项目	秒杀价格 99.9 元	包含内容	备注
99.9 元专区	祛鼻子黑头	每天 11:11 限时秒杀，限时 20 分钟	/	/
	基础水光针		/	/
	深层皮肤清洁 6 次		/	限购 1 次

除了"秒杀"活动，真人体验"种草"也是转化率较高的一种直播主题。真人体验"种草"是指美业店院邀请体验过项目的顾客或粉丝参与直播带货，分享他们体验项目后的效果和感受，以此激发直播间其他用户的购买意愿。

适合美业直播的主题其实就是从美业本身出发，思考美业可以为用户带来什么内容，提供什么价值。内容越稀缺、价值越高的直播内容，越能吸引用户，促进成交。

❸ 美业直播如何选品

美业直播带货的最终目的是实现流量转化，成功销售产品。影响产品成交的因素有很多，但最根本的因素是产品本身。产生本身能否吸引用户，决定了产品销售率的高低。所以，美业顾问应重视直播选品这个环节。

美业直播选品的原则

①根据目标用户群选品。不同的用户喜欢的产品不同,例如 25 岁左右的女性的需求是深层清洁项目,而 35 岁以上的女性的需求是抗衰项目。所以,美业顾问在选品的时候要锁定目标用户群,根据用户的需求、喜好来选品。

②选择性价比高的产品。性价比是用户比较关注的因素,也是影响他们购买决策的主要因素。大多数用户都会倾向购买性价比较高的产品,所以美业直播选品的时候要尽量选择一些性价比高的产品,最大限度地为用户带去利益。

③选择复购率高的产品。复购率高是指用户会在直播间反复购买的某款或某几款产品。美业顾问在选品的时候可以选择复购率高的产品,这类产品可以有效提升直播带货转化率。

直播选品需要考量的维度有很多,但最终的考量维度只有一个——能否吸引用户,促成成交。要实现这一点,美业顾问可以从以下 3 个方向开展选品工作,如图 5-5 所示。

图 5-5　美业直播的选品方向

爆款产品

已经在市场爆火的产品是经过时间检验的产品，这种产品在直播间通常也会比较受用户欢迎。因此，美业直播在选品的时候可以选一些市场爆火的产品。

市场爆火的产品不是固定的，每隔一段时间市场上就会出现一款火爆的产品。因此要求美业顾问具备较强的市场洞察力，要时刻关注市场动态并及时获取信息，从而为直播带货选出当下爆火的产品。

大促价产品

直播间应当准备不同价格的产品，以满足不同用户的需求，尤其要准备一些大促价产品为直播间引流。例如，××项目99元，限时特价。

店院用低价产品引流时要注意，产品的质量一定要有保障，否则会影响顾客口碑，给店院带来负面影响。

应季产品

很多产品有季节性，美业产品同样有季节性，例如，适合秋冬的项目是深层肌肤补水。季节性的产品不仅能突出产品的特性，还能给用户营造一种"什么季节必须用什么季节的产品"的感觉，容易促成成交。

直播选品不是我们想销售什么产品就选什么产品，或者哪些产品能够为店院带来利润就选择什么产品。直播选品是在选择用户需要什么产品，哪些产品可以实现转化。这是直播带货选品的底层逻辑，掌握了这个逻辑，选品就成了一件容易的事情。

❹ 美业直播间人员设定

一场高转化率的直播带货离不开幕前幕后人员的高度配合，所以美业直播前还应根据直播需求建立直播团队，并做好团队人员的工作安排。一般开展一场直播，美业直播间需要安排以下人员，如图5-6所示。

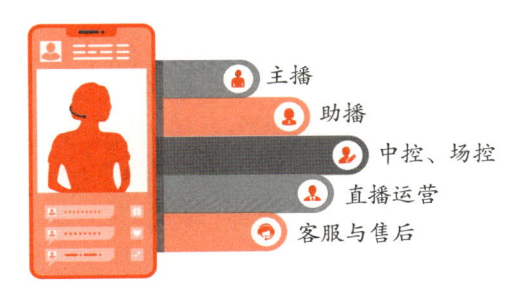

图 5-6　美业直播间人员设定

主播

主播是直播间的核心人员，是店院的形象担当，屏幕前的大部分工作都是由主播完成的。主播在直播中承担的主要职责有讲解产品、互动介绍、统筹现场、粉丝互动、促进转化和成交等。从某种程度上说，主播能力的高低会对直播转化率产生较大的影响。因此，美业店院在选择主播时一定要严格把关，建议安排比较熟悉店院产品的人员作为主播，如店院的中高管或高级美容师等。

助播

助播是指配合主播进行直播的人，其主要职责是配合主播完成直播带货工作，帮助带动直播现场的气氛。例如，帮忙促单、提示活动、引导关注、产品对接、样品整理和记录用户问题并跟进回答等。

为了配合好主播的工作，助播也要熟悉直播内容、流程、产品等，并在直播的过程中时刻关注着主播的直播，在主播遗漏的地方应及时补充，让直播更加完善。

中控、场控

直播团队中的中控主要负责开播前调试设备是否正常，开播后配合主播设置产品秒杀、产品改价、优惠活动、产品的临时上下架等。例如，在直播间主播喊"这个产品现在'9.9元'秒杀"，这个时候中控就要在后台进行操作，修改产品的价格。所以中控要时刻关注并听清主播的口令，及时配合主播进行操作。同时中控还要实时检测直播数据，包括实时在线人数峰值、商品点击率以及直播中的其他问题，并及时将问题反馈给直播运营。

直播团队中的场控主要负责把握直播节奏，营造直播现场的氛围。例如，主播与用户互动的时候偏离主题时间太久，这个时候场控就要在场外提示主播将主题拉回来，进入正题。场控还需要注意指令的接收和传达，例如直播运营有消息要传达给主播或助播时，场控就要将信息及时传达给他们。

概括来说，中控、场控的主要职责就是负责现场的各种工作，确保直播可以顺利地推进。

直播运营

直播运营类似于直播间的导演，主要负责直播间的统筹工作，包括直播间品牌选择、直播广告投放、直播互动游戏策划、直播复盘等。

简单来说，直播运营是整个直播带货过程的负责人。

客服与售后

客服与售后是直播间重要的岗位。客服与售后主要负责在直播带货过程中，用户购买产品前后的所有问题的回答。高效处理用户购买产品后出现的各种问题，包括出单、物流、复购等，能够有效提高用户的消费体验，促进直播间转化。

以上是直播带货规模比较大的直播间需要的人员配置，如果预算不足或者直播规模较小，那么可以相应地减少人员。但是最基本的直播团队至少也需要3个人的团队人员配置，包括主播、场控和运营。

一场高质量的直播不是主播一个人完成的，那些高转化率的直播带货活动，除了拼直播内容和价格，也在拼直播团队的实力。

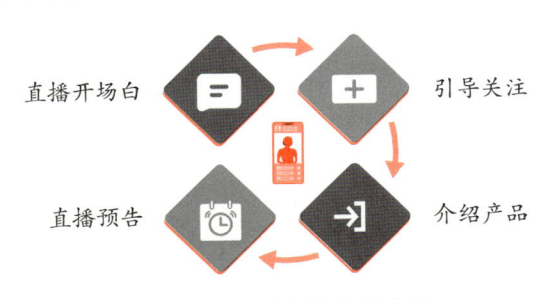

❺ 美业直播的常规流程

美业直播的常规流程包括以下几个环节，如图5-7所示。

图5-7 美业直播的常规流程

直播开场白

好的直播开场白可以调动直播间的气氛，吸引用户的注意力。一般，美业直播可以按照以下流程开场。

（1）打招呼

主播要在直播开场后，第一时间向进入直播间的用户打招呼，如"大家好，欢迎你们来到××的直播间"。

（2）分享直播主题

在开场环节，主播要明确告知用户可以在接下来的直播中看到什么，这是留住用户的关键。例如，"我们会在接下来的直播中分享一些适合秋冬季节做的面部美容项目"。

（3）点名目标用户

主播在开场的时候点名目标用户，这样可以精准锁定目标用户，为流量转化做好铺垫工作。例如，"平时肌肤干燥，尤其是换季的时候皮肤容易敏感的朋友，一定不能错过这期直播"。

开场白的形式可以有很多种，但无论选择什么形式开场，都要做到独特、有趣，能够吸引用户。

引导关注

好的开场白可以吸引用户，但是我们的目的不仅是吸引用户，更要留住用户。因此，在开场白结束后，主播还要善于引导用户关注直播间，留住用户。

（1）口头引导关注

例如，"为了避免大家错过我们的直播，大家可以点一点左上角的关注按钮"。

（2）开场福利

例如，"话不多说，我们先来抽奖，给粉丝朋友送一波福利"。这种方式不仅可以留住用户，还可以为直播间快速聚集人气。

（3）预告福利

为了留住用户，主播不仅可以在直播开场时送出福利，还可以在直播进行过程中和直播结束后送福利，这样可以延长用户在直播间的停留时间，利于流量转化。例如，"今天我们除了开场福利外，后面还为大家准备了很多礼物，有……（价值比较高的礼物），还有……所以不要走开，一定要积极参与互动"。

介绍产品

美业直播带货的目的是销售产品，所以介绍产品是直播带货的核心环节。主播在介绍产品环节通常采取以下两种形式。

> ①正常直播产品的介绍。在进入直播主题时，主播可以进行本期直播内容预告，让用户知道本期直播的内容大致有哪些，有哪些福利。这些内容可以吸引那些对本期内容感兴趣的用户。
>
> ②单个产品的介绍。直播内容预告结束后，主播就可以进入单个产品的介绍。主播可以根据单品脚本来介绍产品，重点突出产品性能和直播间的价格优势。

为了提升项目转化率，美业的主播在介绍项目的过程中应掌握以下几个技巧。

（1）从顾客的角度提出问题，引发共鸣

从顾客的角度提出问题能够戳中用户的痛点，引发共鸣，利于进行接下来的销售工作。例如，"秋冬皮肤干燥、起皮、泛红是一个令人头疼的问题，不仅会让人感觉肌肤不舒服，还会导致上妆严重卡粉"。

（2）顺势推出项目，激发用户的购买需求

当用户的需求被激发后，主播可以顺势推出项目，帮助消费者解决问题。例如，"秋冬皮肤容易过敏、干燥、泛红，除了要做好基础保湿外，还可以做一些水光项目，比如我们今天推荐的××项目"。

（3）详细介绍项目，加速用户的购买决策

主播可以从项目的品牌、原理、效果、其他用户反馈、售后等方面详细介绍项目，加速用户的购买决策。例如，"××女士做完一个疗程的××项目后，皮肤泛红的问题就得到了很大的改善"。

（4）用数据说话，降低用户的心理防线

用户在刚开始接触自己不熟悉的产品时，总会持怀疑和观望的态度，这时主播可以用数据说话，改变用户的观望态度，降低用户的心理防线。例如，"这款产品之前在我们店院已经销售了10万+""这个项目是回头客必推的项目"。

（5）再次突出产品的特点或优惠价，促成成交

在用户犹豫不决的关键时刻，主播要再次突出项目的稀缺性或优惠价，完成临门一脚，促成转化。例如，"皮肤干燥、敏感的粉丝朋友其实不用犹豫，这种深层补水项目一定要拍""前500名下单的朋友有价值×××的赠品""今天在直播间消费满899元的用户，可以获得××奖品一份"。

直播预告

直播临近结束的时候，主播可以简单回顾直播，反馈直播中存在的问题，并感谢用户，同时预告下次直播。例如，"今天我们××一共推荐了×件产品，粉丝们的反馈是都很喜欢，尤其是××产品，上架不到2秒就售罄，非常感谢大家的支持。请在下周五20:00准时守候在我们的直播间，我们将送出更多福利，敬请期待"。

以上介绍的是美业直播的常规流程，实际上直播流程不是固定的，主播应根据直播带货需求或上一场的直播效果，不断改进问题，优化直播流程，提升直播带货转化率。

❻ 美业直播前的准备工作

一场成功的直播离不开直播前的充分准备，美业直播前主要应做好以下几项准备工作，如图5-8所示。

图 5-8　美业直播前的准备工作

熟读卖点

主播在直播前要熟读产品卖点，这样才能在直播的过程中突出产品的卖点，激发用户的购买意愿。

熟读卖点讲究一定的技巧，主播可以通过提问自己以下 4 个问题来熟读并尝试记住产品的卖点。

（1）这是什么

主播要向用户传达的第一个要素是产品是什么，主播可以从产品品牌、包装、材质、技术、功效等方面进行记忆。

（2）哪些人可以用

主播要熟记产品适用人群，在介绍产品的过程中要明确谁可以用。主播在直播中应点明适用人群，这样不仅可以避免不适用的人群购买了产品，而且还可以精准锁定目标用户群。

（3）为什么用户要买

这是比较重要的卖点，一般指产品的稀缺性、独特的优势以及可以为用户带来什么样的匹配价值等。这个问题影响着用户的购买决策，所以主播一定要熟读并记住。

（4）多少钱

主播不仅要记住产品的原价，更要记住产品的优惠价，然后在直播带货的过程中突出差价，加速用户的购买决策。

不同产品的卖点不同，所以建议主播在直播前熟读每一件产品的卖点。

准备物料

因直播带货的规模、内容、形式、产品不同，所以需要准备的物料也不同，但一场相对完善的直播，至少需要准备以下物料。

（1）像素清晰的手机或计算机

手机是比较方便快捷的直播设备，但由于手机品牌、型号、配置不一样，呈现出的画面效果也不一样。所以，选择一台合适的手机来进行直播就比较重要。这里的合适是指内存充足、性能稳定、摄像头像素高清。如果有条件，建议准备2台手机，一台用来直播，另外一台用来查看粉丝留言，便于与粉丝展开实时互动。

此外，如果是固定场景直播，也可以选择使用计算机来进行直播。

（2）手机支架

如果选择手机作为直播设备，那么就要准备手机支架。市面上的手机支架种类很多，因为支架的使用者是主播，所以可以根据主播的需求来选择合适的手机支架。

（3）补光灯

补光灯可以为画面镜头补光，让画面看起来更明亮、清晰、立体。

在室内光线不充足的情况下，更应当准备补光灯，以确保画面清晰，产品能够被看清。

补光灯也有很多种，不同的补光灯的效果不同。例如，美妆等品类的近景拍摄，可以用环形补光灯，能够更立体、清晰地展示产品。美业直播应多了解不同补光灯的效果，然后根据自身需求来选择合适的补光灯。

（4）声卡、话筒、耳麦

声卡、话筒、耳麦都是升级的硬件设备，可以提升直播效果。如果条件允许，建议配置这些设备，但具体还应根据直播需求来准备。

除了以上的物料，美业直播可能还需要准备其他物料，如直播背景布、直播间装饰，具体要根据直播需求来定。

为了避免遗漏直播需要的物料，建议制作一张直播物料清单表，如表5-2所示。

表5-2　直播物料清单

直播物料清单			
序号	物料名称	数量	备注
1	手机	2台	—
2	手机支架	2个	—
3	补光灯	2—3台	一台留以备用
4	手机充电线	2根	长度2米左右
5	背景布	一张	纯色
6	××奖品	20份	—
……	……	……	……

制订直播计划表

直播计划表也称为"直播计划方案",是整场直播的方向指引,确保直播可以有条不紊地进行。因此,这也是直播之前应重点准备的工作。

一般直播计划表的内容包括工作类别、工作内容、细节、负责人等,如表 5-3 所示。

表 5-3 直播计划表

工作类别	工作内容	具体细节	负责人	十二月										
				12	13	14	15	16	17	18	19	20	21	22	23
				一	二	三	四	五	六	日	一	二	三	四	五
确定主题	直播整体策划	主播人设、直播主题		人设设定										
商品选款	选品	自营产品、工厂溯源、品牌周		首批选款										预备	开播
	定价	对比市场同类产品、卖点定价													
	货品比例	引流款、爆款、利润款、常规款													
直播间准备	地点	工作室、工厂、店铺等						场地准备							
	灯光	环境灯、测光灯、前置灯架等						选购							
	布景	背景墙纸、摆设道具、尺子等						选购							
	声卡/网络	麦克风、收音等						选购							

续表

工作类别	工作内容	具体细节	负责人	十二月											
				12 一	13 二	14 三	15 四	16 五	17 六	18 日	19 一	20 二	21 三	22 四	23 五
直播间筹备	流程策划	直播间促销活动、流程、脚本		设计											
	商品卖点	根据选出的商品撰写卖点脚本		设计											
	人员分工	制订直播间人员工作脚本		设计											
	准备工作到位	留意直播间动态,烘托气氛										检查			
店铺运营	店铺装修	店铺网页设计		准备											
	详情页设计	产品展示、细节图、参数表										准备			
	产品拍摄	场景搭建,季度拍摄,产品精修、设计						场景	采购	搭建	拍摄	精修			
	主题风格策划	按人群、季节、产品特性制订主题						主题构思							
推广预热	大众门户	抖音、快手短视频引流					预热				预热		预热		
	社交媒体	小红书等直播媒体引流					预热				预热		预热		
	双微引流	微信、微博图文引流					预热				预热		预热		

我们可以根据直播的主题、内容、形式、规模等事项来调整表格内容。直播计划的内容越细致,越利于助力直播顺利地进行。

调试设备

调试设备是直播之前一定要做的准备工作，主要包括网络、灯光、手机、计算机、收音器等工具的调试。"工欲善其事，必先利其器。"一旦这些"器"出现问题，不仅会影响直播效果，甚至会直接导致直播中断。所以，硬件测试是直播前必须认真做好的工作。

无论是刚入局直播带货的美业店院，还是入局直播带货已久的美业店院，在直播开始前都要做好充分的准备，不打无准备之仗。

❼ 美业直播现场的注意事项

在"全民皆可播"的直播时代，直播现场"翻车"的现象屡见不鲜。

直播现场"翻车"是指因准备不充分、操作失误或其他原因，导致意想不到的状况出现。例如，知名主播的"不粘锅翻车事件"，该主播在直播间向用户展示不粘锅的功能时却出现了粘锅问题，导致直播现场混乱。这种情况无疑会影响直播带货转化的效果。因此，为了避免"翻车"现场出现，美业直播现场应注意以下几个事项。

严格遵守平台规范

直播现场一定要严格遵守直播平台的规范，避免因为疏忽大意而造成平台警告或禁播。一般，直播平台都会出台直播规范，不同平台的直播规范会略有不同。

> **某平台的直播规范**
>
> 本平台提倡绿色健康直播，严禁在平台内外出现诱导未成年人送礼打赏、诈骗、赌博、非法转移财产、低俗色情、吸烟酗酒、人身伤害等不正当行为，若有违反，平台有权对您采取包括暂停支付收益、冻结或封禁账号等措施。如因此给平台造成损失，平台有权向您全额追偿。

直播运营、主播或相关人员在直播之前都要认真阅读即将进行直播的平台的直播规范，并在直播过程中严格遵守平台的规范要求。

主播的仪容仪表

相比较其他行业而言，用户会更关注美业主播的仪容仪表，因为用户会将美业主播的仪容仪表与店院的产品、服务等联系起来。例如主播的气色好、皮肤细腻光泽，那么用户就会认为这家店院的产品效果不错。所以，美业主播一定要注重仪容仪表，要做到服饰整洁、得体，化淡妆，同时要注意自己在直播间的一言一行，都要做到优雅文明。

直播环境整洁、干净

整洁、干净的环境不仅可以提升用户的观看体验，还能让用户对店院产生良好的印象。所以，美业直播间一定要保持整洁、干净，物品要摆放整齐，尽量不要把所有物品都堆放在一起，可以按照直播流程有序地准备产品。

介绍产品时感情到位

一个情感丰富的主播可以更好地带动直播间的气氛，感染用户，激发用户的购买意愿。因此，在直播现场，美业主播在介绍产品的时候一定要感情到位。

情感到位是指美业主播要面带微笑，积极与用户沟通、交流，认真对待用户提出的问题，并根据用户的需求真诚地推荐产品。

这里的情感指的是积极的、正面的情感。换句话说，美业主播要注意控制自己的负面情感，不能在直播间谩骂、辱骂用户。这样不仅会影响店院的口碑，还容易被平台禁播。

把握整个直播的节奏

把握整个直播的节奏也可以说是"控场能力"，即按照事先制订的流程完成直播。在介绍直播间人员的时候，我们介绍了场控的职责，"把握整个直播的节奏"这件事主要就是由场控负责的。在直播现场，这是一件非常重要且关键的事情，会影响直播的进度和销售转化率。

所以，我们通常建议直播团队中一定要安排场控，如果预算不足或人手不够，主播或助播就要担任起控场的职责，确保直播带货可以按照预期的流程顺利推进。

根据内容播放不同的音乐

音乐是营造直播间氛围的有力工具，不同的直播内容需要不同的音乐来烘托氛围，以增强直播内容的感染力。

例如，主播讲解产品时可以播放舒缓、轻松一点的音乐，送福利时可以播放一些节奏感比较强的音乐。

实时互动，回复问题

在直播带货的过程中，美业主播要实时与用户进行互动并回复用户的问题，有效的互动可以提升成交率。但是美业主播的时间和精力是有限的，不可能浏览到每一位用户的提问，也不可能回答每一位用户提出的问题。所以，美业主播在与用户互动和回答用户问题时要掌握一定的技巧，要挑选用户提问比较多或者有利于转化成交的问题来互动。

例如，"我看到很多粉丝留言问我油性皮肤可不可以做这个项目，当然可以，而且它非常适合油性肌肤，这个项目可以有效控油。所以，油性肌肤的朋友们不用担心这个问题，可以放心地购买"。

直播现场需要注意的事情还有很多，这就要求美业主播或其他人员多留意每一次直播，发现其中存在的问题，然后在下次直播中注意并改进，从而优化直播现场，提升直播效果。

❽ 美业直播营销脚本策划

关于直播有这样一个说法，"七分在策划，三分靠执行"。如果没有一个完整、优质的直播营销脚本策划，那么再厉害的主播、再好的产品和项目，也无法成就一个成功的营销活动。

直播营销脚本策划的五大要素

直播营销脚本策划内容主要包括以下五大要素，如图5-9所示。

基础信息
直播主题、直播时间、
人员分二、物料清单

开场环节
开场互动、吸引眼球、
引入话题、掀起讨论

福利引导
红包派发、互动抽奖、
价格政策、爆款推荐

复盘预告
商品复盘、感谢粉丝、
提醒关注、预告下期

产品介绍
卖点引出、产品介绍、
用户评价、促单销售

图5-9　直播营销脚本策划的五大要素

在本章其他小节的内容中我们已经对直播营销策划五大要素中的具体内容都做了介绍，美业直播的相关人员在撰写脚本时可以参照这些内容，然后按照基础信息、开场环节、福利引导、产品介绍、复盘预告的顺序来策划脚本、撰写内容。这样就可以形成一个完善的、逻辑清晰的脚本。

直播脚本策划的峰终定律

我们在对直播进行数据监测的时候会发现有一个有坡度的曲线图，这个图呈现的是直播间的销售量变化。在复盘的时候，我们又会发现这个曲线图的坡度在最后下播的时候会突然增大，为什么会出现这种情况呢？因为主播在直播开始的20分钟内可能只介绍1—2款产品，但最后的20分钟可能介绍了七八款的产品，这个时候销量会提升。这就是曲线图的坡度突然增大的原因，用专业术语解释就是"峰终定律"。

什么是峰终定律？峰终定律的概念是由 2002 年诺贝尔经济学奖获得者心理学家丹尼尔·卡尼曼（Daniel Kahneman）提出的。峰终定律是指用户在对一项事物进行体验之后，所能记住的就只有在峰（高峰）与终（结束）时的体验，而在过程中好与不好体验的比重、体验时间的长短，对记忆的影响不多。

我们将峰终定律运用到直播活动就是每隔一段时间设计一个热场活动。例如，发放红包福袋是峰值点，介绍产品的使用演示是峰值点，互动做游戏是峰值点，介绍促销的产品也是峰值点……峰值点和峰值点的时间间隔不能太长，如果太长了，那么直播间的热度就会下降。

直播的过程中，建议大家每隔 5 分钟查看一次实时在线人数并做好记录，直播结束后可以把这些信息做成一个表格，或者绘制成曲线图。如果连续 3 个 5 分钟的直播人数都在下降，就说明这 15 分钟内没有好的峰值点。直播间所有脚本的设计都要以留人为第一要素，如果留不住人，那么销售产品就是空想。所以，我们要根据数据分析不断优化，找到最适合的峰值点。

直播间的"终"是什么呢？直播间里最常见的"终"是送福利，福利的数量要尽可能多一点，覆盖面尽可能广一点，让守在直播间的用户可以开心地退出直播间。要注意的是，我们整场直播的终点并不是所有用户的"终"，因为用户可能是刚开始就进了直播间，然后 10 分钟后就退出了。所以，建议主播每隔一段时间就送出一些福利，争取让大多数用户都可以感受到"终点"的快乐，让峰终定律最大化地发挥价值和作用。

❾ 美业直播预热的引流技巧

一些准备布局直播带货的美业顾问可能会存在这样的担忧,"刚开始直播没有人看怎么办",要解决这个问题就要掌握直播预热的引流技巧。直播预热是指直播前通过各种方式预告直播,为直播间作好流量铺垫。

设置悬念

设置悬念通常是指在文章的某一部分设置一个疑问或矛盾冲突,以造成读者某种急切期待和热烈关心的心理,在小说中比较常见。设置悬念这种表现手法也可以用在直播带货的预热文案中,以激发用户期待观看直播的心理。

直播预热常见的设置悬念方式有以下两种。

(1) 用"?"或填空来设置悬念

用"?"设置悬念是指将吸引用户的关键内容打上"?",以此来激发用户的期待心理。而用填空来设置悬念则更容易理解,即将用户非常关注的内容空出来,比如价格、福利等,让用户在"填空"的过程中产生期待感。

> 某直播间预热文案:
>
> 12月15号,本周五,8:00
>
> **直播间爆品**
>
> ×××项目套餐

> 原价：4888 元
> 直播间惊喜特价：？？？元或_____元

（2）用"倒计时"来设置悬念

"倒计时"不仅可以制造悬念感，还可以制造一种紧迫感，同样可以激发用户的期待心理。

> **某直播间的预热文案：**
> **倒计时 2 天**
> 你有多少想象
> 这次直播就能带给你多少惊喜
> **倒计时 1 天**
> 带着惊喜
> 期待明天与你见面

以上的两种方法可以单独使用，也可以组合使用。例如，下面的预热文案就是用"倒计时+填空"来设置悬念。

> **倒计时 2 天**
> 如果不能涨_____
> 怎么会让这么多的人
> 花了钱之后还心怀谢意？
> **倒计时 1 天**
> 如果不是全程都_____

> 怎么会让不买东西的人
> 也舍不得离开？

"倒计时+填空"，进一步强化了紧张感和悬念感，既能起到提醒作用，又能更好地为直播带货进行预热，制造声量。

名人效应

名人效应是指名人的出现能够达到引人注意、扩大影响、强化事物的效果。如果美业直播间邀请名人做客，那么就可以在预热文案中突出名人，吸引用户。

> 某直播间的预热文案：
> ！！！注意，××直播间，重量级嘉宾预告来了！
> ××、×××、××等多位业界知名专家将陆续做客××直播间，和××主播一起为大家带来多场品质高、效果好、价格低的好物直播。

如果采用名人效应这种预热技巧，建议将名人的照片制成海报，放入直播预热文案中，这样更容易吸引用户。

预告有价格的内容

用户观看直播除了娱乐，较关心的就是"看直播可以为我带来什么"，价值越大越能吸引用户准时守在直播间观看直播。所以，预热的文案中可以突出价值较大的内容。价值大的内容主要有以下几种。

①高价值的产品，例如"×××高端项目"。

②优惠价格的商品，例如"××项目，99元秒杀"。

③福利、奖品等。例如，"直播现场疯狂发福利，有……更多福利等你来解锁"。

没有价值作为核心支撑的直播，很难吸引用户准时守在直播间观看直播。所以，直播预热的文案中应重点突出以上几个内容，用看得见的价值来吸引用户准时守在直播间。

除了要掌握以上几个预热技巧，我们还要善于进行全平台预热。全平台预热是指除了直播平台，还要在其他平台上发布预热文案。例如，在抖音直播，我们可以在微信朋友圈、微博等平台发布预热文案。还可以通过转发抽奖的形式来裂变流量，引入流量，例如在预热文案中加入"关注+转发，抽10人每人888元现金红包"的活动。但要注意的是，有些平台不支持发布其他平台的相关信息，那么我们在发布预热文案时就要遵守平台规范，巧妙地规避相关问题。

总之，美业直播前要采取各种技巧在全平台引流，这样不仅可以最大化地为直播间引入流量，还是一次很好的宣传店院、提升店院知名度和影响力的机会。

❿ 美业主播的互动模式和推荐话术

直播带货的本质是通过沟通、交流，向用户推荐产品，激发用户的购买意愿。有效的沟通一定是双向的互动过程，所以美业主播要想提升流量转化率，就必须掌握直播中的互动模式和推荐话术。

互动模式

直播中的互动模式主要有以下几种。

（1）拉新互动

拉新互动是指引导新用户关注主播，例如"有没有第一次进直播间的朋友？有的话在左上角点点关注按钮，关注主播有更多福利"。

因为粉丝会在不同的时间进入直播间，所以拉新互动需要持续进行，一般建议每隔七八分钟就进行一次拉新互动。

（2）提问式互动

提问互动是指通过提出问题的方式与用户进行互动。

例如，"下面这两个项目，你们想先看哪一款呢？想看 A 款的用户可以在评论区打'1'，想看 B 款的用户可以在评论区打'2'。""有没有人之前做过这个项目？有的在评论区打'1'，我们将抽一位用户送出价值 988 元的 ×× 礼品一份"。

（3）回复式互动

回复式互动与提问式互动是相对应的一种互动方式，是由用户提出问题，主播回答问题的一种互动方式。

例如，"我看评论区有粉丝留言问我孕妇可不可以做这个项目。这种项目不建议孕妇做，可以等生完宝宝，身体恢复好之后再做。""有粉丝问我们的直播时间，我再跟大家详细说一下，我们每周三、五 20 点会进行直播，请大家准时守着我们的直播间，下次将为大家分享的是……"。

（4）抽奖互动

抽奖互动即通过抽奖的方式与粉丝互动。例如整点抽奖，即每到整点时间进行截屏抽奖，让粉丝持续关注直播间。再例如问答抽奖，即在直播间设定与主题相关的问题，然后从回答正确的用户中抽出一定比例的用户进行奖励。

互动是保持直播间热度最重要的策略，主播一定要随时保持互动的警觉，除了直播脚本中已经设计好的互动环节，还要能够随机应变，抓住每一个和用户进行良好互动的机会，不断地提升直播间的热度和流量。

推荐话术

推荐话术是指主播向用户推荐产品的表达技巧，可以加速用户的购买决策，促进成交。

（1）展示型话术

展示型话术是指主播一边口述产品的特点、使用感、效果等，一边推荐用户购买，比如"这个项目绝对值得购买，应该说是敏感肌的女性必入的项目"。

（2）信任型话术

直播购买的弊端是用户触碰不到产品，因此对产品的信任度比较低，会导致他们犹豫不决。这个时候主播就可以通过信任型话术来解除用户的心理防线，比如"这个项目我自己也做，效果很好才给你们推荐""这款产品已经有超过 1000 人体验过，复购率高达 80%"等。

（3）专业性话术

专业型话术是指主播在推荐产品时，从专业的角度出发，针对产品做讲解并指导粉丝根据自己的情况选择产品。例如，"皮肤容易出油是因为……要想改善这个问题首先需要……，所以油性肤质的朋友推荐购买××产品……"。

⓫ 美业直播复盘与总结

复盘，是围棋术语，也称"复局"，指对局完毕后，复演该盘棋的记录以检查对局中招法的优劣与得失关键，后被广泛运用到各种领域。例如在工作或活动结束后，对工作内容或活动进行回顾，从中总结经验，吸取教训，进而可以指导下一次的同类工作或活动。美业直播结束后也要进行复盘与总结，而且这是直播带货中必不可少的一个环节。

具体来说，美业直播复盘与总结有以下两个作用。

①**优化直播带货流程**。直播带货的流程不是固定不变的，美业顾问应根据自己的需求、直播带货呈现的结果等不断摸索更高效的直播流程。复盘与总结就可以发现在直播带货流程中存在的问题，从而可以及时解决问题，优化流程，提升直播带货的效果。

②**将经验转化为能力**。每一次直播结束后的复盘与总结都是经验积累的过程，更是一次次的成长。在这个过程中，累积的经

验会慢慢转变为直播团队的能力，若以后在直播中遇到突发问题时团队也能够沉着应对。

那么，美业直播结束后要怎么做才能实现有价值的复盘与总结呢？美业顾问可以按照以下流程进行复盘与总结，如图5-10所示。

图 5-10 直播复盘与总结的流程

回顾目标

直播带货之前我们通常都会设定一个销售目标。目标是评判直播带货是否成功的标准。通过回顾目标并将实际结果与目标进行对比，我们就可以获知这次直播带货是否成功。

回顾目标时，建议将之前设定的目标一一列出来，这是比较直观且高效的一种目标回顾方式。例如，目标是整场直播的总销售额达30万元，直播转化率达60%以上，商品总点击量达30%及以上……每一项目标都要列出来。

数据分析

对直播产生的数据进行整理、分析，这些数据也就是最终的直播结果。通常，一场直播带货会产生的数据大致有直播时间长短、观众总数、新增粉丝、付费人数、评论人数、销售额、销售数量等，如图 5-11 所示。

图 5-11　直播带货的数据

最后将这些数据与之前制定的目标进行对比，检验、评估整体目标完成的实际效果。例如，直播带货之前制订的目标是新增粉丝 200 人，但实际新增 156 人，没有达到预期效果。

原因分析

这一步要回顾整个直播过程，分析哪一部分做得比较好，哪一部分做得不好。然后将做得好的原因和做得不好的原因都列出来。对这些原因也可以归类，如"流量问题""转化问题""用户留存问题"，并分清哪些问题需要及时解决，哪些问题需要做长期规划。

总结优化

直播复盘与总结不仅仅是为了找出原因，更要从中总结规律，找到适合的解决方案。所以，直播复盘与总结的最后一步，也是最为关键的一步——总结优化。美业顾问需要提炼在本次直播带货中做的好地方，并将这种工作经验、技巧复制到以后的直播带货中。对于做得不好的地方要持续改进、优化，避免这些问题影响未来直播带货的效果。

最后，负责人还要将直播复盘与总结的成果形成规范化的资料，方便以后查阅和利用，也利于为今后的直播带货做好方向指导。

⓬ 直播后的服务与跟踪

直播后的服务与跟踪是直播带货最后的工作环节，也是比较关键的一个环节，因为服务与跟踪效果的好坏决定了下一场直播的转化效果。所以，美业顾问不能认为关掉直播后，直播带货就结束了，而应当将上一场直播的结束当成下一场直播的开始，在结束后认真做好用户的服务与跟踪工作。

整理销售数据，尽快发货

对于在直播间购买产品的用户来说，他们最关心的问题是什么时候可以收到货。所以，美业直播结束后，负责人员要第一时间整理销售数据、跟进订单，并在最快的时间内将产品发给用户。这一点主要针对的是直播间的实物产品，美业直播可能还有一些是虚拟产品，如消费券。虚拟产品不需要发货，只要提醒用户在使用期限内到店院消费即可。

及时回复用户问题，处理投诉

用户在购买产品后可能会遇到一些问题，售后人员一定要及时回复用户的问题，并尽快帮用户解决问题。如果问题处理不及时还可能会被投诉，遇到投诉也要及时、认真地进行处理。

例如，用户投诉商家迟迟不发货。我们可以根据实际情况解释"一般下单后 3—5 天发货，货品发出后后台会有提示信息，您可以注意查收"或"因为天气原因，快递滞留在××地。待天气转好，快递会第一时间发出"。

无论是回答用户提出的问题还是处理用户的投诉都要有耐心，而且一定先认真听用户讲完，并表示理解，然后再回答问题或给出处理投诉的方案。但是如果是一些不符合规定的要求，也要委婉拒绝。例如，顾客说"我在你们家购买了那么多东西，能不能多送我一个××赠品"。客服可以回答"这个活动的赠品是店内统一安排的，每位下单的顾客限赠一份。最近的直播都有这个活动，如果您喜欢这个赠品可以继续关注我们的直播间"。

中奖名单核对，及时发放奖励

直播带货的过程如果有抽奖发放福利的活动，那么在直播结束后，售后人员一定要及时核对中奖名单，并联系中奖人员，及时发送奖励。这样可以提升用户的信任感，利于将用户转化为忠实顾客。

用户反馈，提升售后服务

直播结束后，售后人员要对直播中用户反馈的问题进行整理，找到解决问题的建议方案并给到直播团队，提升服务效果。

除了整理直播间用户的反馈，售后人员还可以在引流的粉丝群中提问，询问粉丝对于这场直播的想法和建议，例如"产品价格如何""产品使用感如何""是否还有其他需求""还希望从直播中获得什么样的福利"等。同时，售后人员也要关注并认真回答粉丝的提问，以此加强粉丝的信任感，拉近与粉丝之间的距离。对于直播带货给出积极反馈的粉丝，我们可以鼓励其在平台上发布自己的消费体验，触发二次营销。

除了以上这些工作，店院还可以开展粉丝见面会、老顾客回馈活动等售后服务。总之，店院要从用户的角度考虑，为其提供完善、满意的售后服务。

第6章

极致服务：线下体验决定门店的未来

在电商发达的时代，美业店院这种实体店要想获得长久的发展就要致力为顾客打造极致服务，而打造极致服务的关键在于优化顾客的体验感。所以说，线下体验决定着门店的未来。

❶ 服务的本质：发现需求，满足需求

美业店院要想为顾客打造极致服务，首先就必须清楚一个问题——"服务的本质是什么"。只有清楚服务的本质，才能找到打造极致服务的正确方向。

美业经营的本质是服务

服务的本质究竟是什么呢？有些美业顾问认为，服务的本质是销售产品，为门店创造业绩。销售产品、创造业绩是门店经营的最终目的，但并不是美业服务的本质。

> 某美容院推出"99元可以享受3次服务"的活动，这3次服务对应的是不同的项目。该美容院号称这是一次可以低价享受极致服务的活动，希望以高性价比来吸引顾客。顾客体验后都表示该项目的舒适度高，对效果非常满意。但是在美业顾问提到购买项目疗程的时候，顾客都会犹豫不决或直接拒绝。这次活动的最终结果是，虽然有200位左右的顾客进行了体验，但真正购买疗程的顾客寥寥无几。

为什么顾客对高性价比项目的体验感很好,但却没有产生购买行为呢?看似该美容院为顾客提供了极致服务,但实际上美容院还是站在自身利益的角度去展开销售工作。美容院希望通过性价比高的服务项目来吸引顾客、留住顾客,但却忽视了一个问题"这个体验项目能否真正满足顾客的需求"。从这个案例我们可以分析出,真正意义上的服务并不是销售产品、创造业绩,而是从顾客的角度出发,发现顾客的显性需求与隐性需求,帮助顾客解决问题。所以,美业经营的本质是服务。

美业服务的本质是发现需求、满足需求

美业经营的本质是服务,服务的本质是发现顾客的需求并满足其需求。

李燕走进一家美容院,美业顾问见到李燕便热情地迎上去,微笑着问:"您好,请问有什么可以帮助您吗?您想了解哪方面的问题?"

李燕:"入冬后,我感觉皮肤非常干,尤其是每次洗完澡后,脸上都会起皮,所以我想咨询一下皮肤补水保湿方面的项目。"

顾问:"肉眼看您的皮肤比较干。但我们还是需要通过仪器帮您做一个更加精准的检测,看一看您的面部皮肤到底存在哪些方面的问题。"

(转场)

顾问:"李女士,通过仪器检测,我们可以看见您面部皮肤当前的主要问题是缺水……我们店里有一个深层补水项目,现在的体验价是99元一次。您可以先体验,看一下效果,再决定要不要进行疗程护理。根据您肌肤目前的症状和问题,建议您先进行一

> 个体验疗程护理，这样效果更明显。"

这个案例中美业顾问所做的工作看上去似乎也是在销售产品，但美业顾问并不是为了销售产品而销售产品，而是在帮助顾客解决皮肤问题，在满足顾客需求的前提下推荐项目疗程。这样能够让顾客感受到门店用心的服务，从而促成成交。所以，这个案例再一次印证了服务的本质是发现顾客的需求并满足其需求。

极致的服务一定是贯穿顾客体验项目的整个过程的，也就是我们所说的全程服务。因此，从顾客进店那一刻到离店之后，美业顾问都要善于观察、留意顾客的一言一行，从中发现顾客的显性需求和隐性需求，并在服务过程中满足其需求并对其进行引导，进一步挖掘需求。这样才能做好高质量的服务并打造极致的体验感。

❷ 以舒适感为核心的极致技术

极致服务离不开极致技术的支持，那么美业店院的极致技术是什么呢？对于业界人士来说，他们很可能给出的答案是"极致的技术一定是能够让顾客看到项目效果的技术"，但实际并非如此。

> 张慧预约了某美容院的面部清洁护理项目，美容师按照标准的步骤为张慧操作项目。
> 第一步，用洗面奶清洁面部皮肤。

第二步，用某护肤美容仪在面部喷上保湿水。

第三步，对面部皮肤进行穴位按摩，促进血液循环。

第四步，使用某护肤仪清洁面部，祛除角质，收缩毛孔。

第五步，使用补水保湿面膜，加强面部的补水、保湿。

进行到第五步时，张燕向美容师反馈脸上有轻微的刺痛感。美容师并没有立即停止操作，而是说："我们这个项目的流程就是这样的，如果不按照这个流程操作的话，可能就没有办法达到预期的效果。"

顾客有些生气地说："现在我的脸上感觉非常不舒服，你认为这个时候我还会在意效果吗？"然后呵斥美容师立即停止操作。

通常来说，美容师应当按照标准流程为顾客操作项目，这样更容易达到理想的效果。但是如果在这个过程中顾客感到不舒适，那么顾客的注意力就会转移，且不会在意当下的效果。当下，他们很可能更想立即停止项目，立即解决导致皮肤上不舒适的问题，如果美容师没有及时满足顾客反馈的需求，甚至可能会导致顾客对门店产生不信任。从这个角度看，极致的技术并不是以效果为核心，而是以舒适感为核心。

亲身体验

如果条件允许，建议店院的美业顾问、美容师、技师等都亲身体验一遍店院的项目。体验后还要针对项目操作的每一个步骤进行研究，明确如何在保障效果的前提下提升项目的舒适感，让顾客在舒适的体验中满足需求，看到效果。

店院的相关人员亲身体验项目不仅可以从技术层面提升项目的舒适感，还利于加强他们对项目的熟悉程度，能够有效提升项目后续的销售效果。

以顾客的反馈为主

不同的顾客对项目的体验感不同，即便美业顾问、美容师等亲自体验店院的项目也可能与顾客的体验感不同。所以，美容师在操作项目的过程中还应以顾客的反馈为主，当顾客感到不舒适时，一定要立即调整操作手法或更换产品。如果美容师解决不了这个问题，那么一定要立即停止操作并将问题反馈给上级，及时商讨解决问题的方案。还有一种情况是，有些问题属于护理疗程中正常的好转反应，那么美容师一定要在护理前认真跟顾客进行说明。

虽然美业店院会对美容师进行培训，不断提升他们的专业技术，致力打造极致技术。然而实际上极致技术并没有一个统一的标准，但可以肯定的是，极致的技术一定是可以让顾客在看到明显效果的同时又感到舒服的技术。因此，美业店院在为顾客打造极致服务的时候，不能一味追求效果而忽视了顾客的感受，应当以舒适感为核心，在此基础上达到顾客期待的效果。

❸
从需求立"异"，打造爆品服务

美业顾问要想通过极致服务打动顾客，那就不仅要为顾客提供满足需求的服务，还应当从顾客需求立"异"，打造差异化的爆品服务。从顾客需求立"异"是指根据顾客的需求不断创新服务，打造具有区别于竞争对手的爆品服务。

> 某理发店的洗头项目成了顾客争相体验的项目，甚至原本不打算理发的顾客也纷纷来店里洗头。原来是因为这家理发店在洗头的基础上增加了 15 分钟的头部按摩，帮顾客洗头发的理发师助理会伴随着舒缓的音乐对顾客进行头部按摩。

众所周知，洗头服务是每家理发店都提供的常规项目。一般的操作流程是顾客在理发之前，理发师助理或洗头工会带领顾客到洗头处，用洗发水、护发素等产品帮助顾客洗头，进行简单的头发护理。正常情况下，整个操作时间大概在 10 分钟左右。事实上，洗头这件事并不会给顾客留下很深的印象，它只是满足顾客基本需求的一项常规服务。案例中的理发店提供的洗头服务之所以成为爆款服务，主要是因为他们在顾客的基础需求上进行了创新，增加了按摩步骤，延长了洗头服务的时长。这样就与竞争对手的同类项目形成了差异化，能让顾客有不一样的感受，让顾客对洗头服务产生记忆。

所以美业顾问不仅要关注顾客的基本需求，还应大胆在顾客需求的基础上进行立"异"，为顾客提供创新的项目和服务。

创新项目

美业店院服务的核心是为顾客提供满足需求的项目，而要打造爆品服务，就要根据顾客的需求不断创新项目。美业店院常用的创新项目的方式有以下几种。

（1）通过调整品牌实现创新

通常，美业店院的项目中会涉及一些品牌，我们可以通过调整品牌来达到创新项目的目的。例如，将 A 品牌的补水面膜换成 B 品牌，原来项目的命名"A 深层补水保湿"可以换成"B 细胞水润护理"。

（2）通过调整流程实现创新

在确保项目可以产生更好的效果的前提下，我们可以适当地增加或减少操作环节，以此来达到创新项目的目的。例如，将原项目的中敷一次面膜改为敷两次面膜，一次深度清洁面膜加一次深层补水面膜。

（3）通过改变项目操作方式实现创新

我们可以将原有的项目操作步骤更换为效果更好的其他操作步骤，以此来达到创新项目的目的。例如，原来的精华液由人工导入换成由仪器导入。

（4）通过项目组合实现创新

我们可以根据顾客的需求将不同的项目组合在一起，从而达到项目创新的目的。例如，将深层补水项目和紧致抗衰项目组合在一起。

创新项目的方式远不止以上这些，但无论用什么样的方式来达到项目创新的目的，都要始终以"顾客的需求和利益"为第一原则。美业顾问要谨记，美业店院的项目创新不是简单的"老酒新装"，更不是简单的项目组合，而是在美业店院现有项目或引进新项目的基础上，根据顾客的需求进行项目升级和价值提升。只有这样才能满足顾客需求，为顾客带来利益，进而才可能成为顾客心中的爆款服务。

创新服务

美容店院要打造爆品服务，自然离不开创新服务。通常，美业店院在为顾客提供服务时，尤其是美容师为顾客操作项目时都有一套标准的服务流程。也就是说，每一位顾客享受到的服务都大同小异，这样就很难打造爆品服务。因此，美业顾问应在确保效果的前提下，创新各个环节的服务流程。例如，根据顾客的需求或喜好提供专属的护理项目与个性化服务。

所谓的爆品服务，其实就是从顾客需求出发，为顾客提供具有不一样体验感的服务。但是打造爆品服务不是一朝一夕的事情，我们也很难确定哪一个项目和服务能引爆市场。因此要求美业顾问要不断创新、不断尝试，也许店院的下一个产品和服务就能引爆市场。

❹ 围绕实体门店构建顾客信赖系统

如果顾客对店院缺乏信任感，那么再好的产品和服务都难以打动顾客。所以，为了赢得顾客信赖，我们还应围绕实体门店来构建顾客信赖系统。一般我们可以从以下几个方面构建顾客信赖系统，如图6-1所示。

图6-1 构建信赖体统的策略

运营所需证件

运营所需证件是门店构建顾客信赖系统最基本的要素，也是必备要素。一般来说，美业店院运营所需具备的基本证件包括营业执照、卫生许可证、税务登记证、消防许可证等。

如果店院有口服产品销售，那么还需要具备食品流转许可证；如果店院有光电、微整等轻医美项目，那么还需要具备医疗机构执业许可证等。

以上这些证件必须一应俱全，而且全部都要在有效期内，这样才能合法合规经营，给顾客基础的消费保障。具体如何办理，需要哪些证件、资料可详细咨询相关部门。

卫生管理

良好的卫生设施和干净的美容环境是构建顾客信赖的关键。尤其对美业店院的顾客而言，他们对卫生有着较高的要求，卫生环境将直接影响顾客对店院的第一印象和体验感，这也是影响他们消费决策的关键因素。而且美业店院本身就必须严格遵循行业的卫生规范制度，确保可以为顾客提供干净、卫生的美容环境。

一般来说，美业店院的卫生管理包括以下几项内容。

①卫生许可证、从业人员健康证、美容师证必须齐全、有效，且要亮证经营。

②环境应整洁、明亮、舒适，应随时清扫地面杂物，并有专门的容器存放各种物品。

③应有消毒设施或消毒间，并配备相应的消毒器械。

④工作人员在操作时应穿清洁干净的工作服。美容师在为顾客操作项目前双手必须清洗消毒，为顾客做护理服务时要戴好口罩。

⑤美容工具用后应及时清洗、消毒并分类存放。

⑥供顾客使用的化妆品应符合《化妆品使用规范》。

⑦护理房间的床上用品要遵循"每客一用"的原则，让顾客放心地享受服务。

美业店院的规模不同，经营项目不同，对卫生的标准也不同。但不管规模大小、项目多少，店院都必须严格遵守相关的卫生制度，达到行业应有的卫生标准。

专业服务

美业店院的专业服务是顾客放心把自己交出去的第一保证。所以，美业店院构建顾客信赖系统离不开专业服务。

美业店院的专业服务体现在很多方面，包括门店的环境、美业顾问和美容师的形象、美容专业知识咨询等。在这些要素中，能够让顾客直观感受到且影响顾客消费决策的是顾客咨询环节和项目操作的专业性。因此，一方面美业顾问要不断提升自己的专业技能，在顾客咨询相关问题时要充分体现专业性，让顾客产生依赖感；另一方面美业店院在招聘美容师时，应招聘持有正规国家专业等级资格证书（作业资格证书）的美容师。

美业店院在美容师入职后还应在日常工作中提供培训机会，不断提升美容师的专业技能，从而为顾客提供专业的服务。无论美容师处于何种级别，都应将美容师取得的各项专业证书悬挂在店内醒目的位置。这样可以更加直观地让顾客看到美容师的专业性，彰显店院用人的规范性。

产品和设备仪器

美业店院要想取得顾客的信赖，还必须确保店院提供的产品和设备仪器具有高端水准。这里的高端水准不单指价格高，还指产品的质量要符合国家相应规定和行业标准，设备仪器也必须符合国家标准，也就是我们常说的正品保障。只有这样，顾客才会对店院产生信赖感并愿意进店消费，甚至成为店院的忠实顾客。

顾客档案管理

顾客档案便于我们了解顾客的需求和喜好，从而可以有效地为顾客提供更多增值服务，增强顾客对店院的信赖感。因此，美业店院应当建立顾客档案管理体系。

通常，顾客第一次进店时就要为顾客建立档案。档案中的信息应包含顾客的基本信息、皮肤问题、护理需求等。此外，还要将顾客每次到店接受服务的情况、效果、感受、意见和建议等具体记录下来，以备查询与持续优化。同时，还要将美业顾问、美容师的专业建议记录在档案中，便于及时跟踪与对比顾客效果的变化。

实际上，获得顾客信赖并不是一件容易的事情，建立顾客信赖系统也是一个缓慢的过程，需要店院相关人员有一定的耐心和细心。所以，美业店院应认真做好每一项服务，一点一滴、全方位地构建顾客信赖系统。

美业顾问要知道并谨记：失去信任很快！一定不要因为怕麻烦而简化各种流程和标准，这样会失信于顾客，会让店院辛苦构建的顾客信赖系统在一瞬间全部崩塌。

❺ 创造让顾客感到温暖的细节

极致服务是把细节做到极致，让顾客感到温暖与用心的服务。所以，美业店院不仅要为顾客提供服务，还应将服务升级为"心服务"，即创造让顾客感到温暖的细节，用心去感动顾客。

> 王梦通过某美容院的活动进店体验项目。因为她持有的体验卡可以免费享受一些项目的体验。于是，美业顾问为王梦安排了一名员工，由其为王梦操作体验项目。
>
> 项目结束后，该员工也一直在做王梦的售后跟踪与服务，在跟踪、服务的过程中她了解到王梦是一家公司某个部门的经理。王梦平时工作非常忙，有时候节假日还要加班，所以虽然她对自己的生活品质有追求，但常常顾及不到。当快到王梦的生日时，这位员工向顾问反馈王梦这两天过生日，然后大家一起商量给王梦办个生日会。
>
> 生日当天，店院为王梦安排了 VIP 房间，点上了蜡烛，床上铺满了玫瑰花，浴缸里准备好了红酒浴并撒上了花瓣，还订了蛋糕、鲜花，准备了生日礼物。
>
> 当王梦看到大家为她精心准备的一切时，她眼眶湿润、激动地向大家深深鞠躬并说："我也经常去其他类似的高端会所，但像你们这样对我如此用心、细心的员工没有遇到过，非常感谢你们为我准备的一切。"
>
> 后来，王梦成了这家店的 VIP 顾客，而且还会经常带自己的朋友一起来店里做护理。

让顾客感动的温暖服务其实就是经营人心。这就要求美业从业者不能以销售为前提，要从心出发，根据对顾客的了解，从细节入手，计划和设计让顾客感动的服务。

那么，如何创造让顾客感到温暖与用心的细节呢？美业店院可以从以下 4 个方面入手，如图 6-2 所示。

图 6-2　创造让顾客感到温暖的细节

- 超五星的全程服务
- 陪伴是最长情的告白
- 帮助顾客提升心灵品质
- 特别的日子特别的爱

超五星的全程服务

服务流程中的每一个细节都做到位就很容易打动顾客，这也是我们常说的"超五星服务"。美业店院的超五星的全程服务主要体现在以下流程的细节中。

①仪容仪表与迎宾接待。
②氛围营造与环境导览。
③新老客一度咨询与诊断。
④员工标准化护理流程。
⑤三度汇报。
⑥现场反预约。
⑦中高管帮床与客情维护。
⑧前后台二度踢单与配合。

在第 1 章中我们已经对店院的全流程服务进行了介绍，超五星的全程服务就是在标准的全流程服务上的进一步升级。概括来说，超五星服务就是"在每一个服务环节都做到细致、用心，让顾客感受到享受、舒适与专业"的服务。

陪伴是最长情的告白

陪伴是能给人带去温暖的最简单、直接的方式，是最长情的告白。美业店院可以通过陪伴的方式来温暖顾客。陪伴的方式主要有以下几种。

（1）专业陪伴

专业陪伴主要是指美业顾问、美容师等在为顾客提供服务的过程中，运用自己的专业技能让顾客感到舒适、舒心，包括专业的咨询服务、护理流程服务及护理后的效果跟踪与服务等。

（2）生活陪伴

生活陪伴主要是指美业顾问、美容师等在日常维护客情时多关心顾客生活中的一些需求，包括陪顾客聊天、购物、吃饭以及节假日赠送一些土特产等。

（3）情绪陪伴

情绪陪伴主要是指美业顾问、美容师等在为顾客提供服务或者与顾客相处的过程中，时刻关注顾客的情绪需求，例如关注顾客的朋友圈动态并点赞、评论，对顾客表示关心、认同。

特别的日子特别的爱

特别的日子给予特别的爱是最温暖顾客、打动顾客的方法。美业店院应记住一些对顾客来说特别的日子，如顾客的生日或纪念日，然后在节日当天安排惊喜，准备礼物。

美业店院可以从以下几个方面入手为顾客准备特别的关爱。

（1）营造特别的迎接场景

例如，在地下停车场铺上红毯和鲜花，店员在电梯口列队欢迎并奉上鲜花和掌声。

（2）布置温馨的房间

置办一些温馨的物件，如粉色气球、玫瑰花等，为顾客布置温馨的房间。

（3）准备特别的惊喜

例如，美容师手工制作的小礼物和手写的感恩卡片，或者中高管准备的贴心礼物和祝福。

帮助顾客提升心灵品质

能够让顾客感到温暖与用心的细节不仅在店内，还在店外。我们可以通过帮助顾客提升心灵品质，建设幸福家庭，让顾客感受到我们的用心、真诚和温暖。

通常，美业店院可以通过以下几种方式来帮助顾客提升心灵品质。

①推送关于个人修炼、家庭课堂、亲子课堂、思维管理等内容的视频或书籍。

②邀请顾客共同参与学习打卡。

③把"家庭会议""一秒应答"等机制带给顾客。"家庭会议"是指日常的家庭成员聚集在一起以会议的形式来讨论事项，有助于构建和谐的家庭氛围；"一秒应答"是指即刻回应。也就是说，建议顾客把这些机制运用到家庭里去，让来到美容院做护理的顾

客，不但在皮肤、体型及亚健康问题上得到护理与养护，而且在家庭和谐及家庭幸福上都能有提升。

除了以上这些，我们还可以根据顾客的性格和喜好来安排服务，在顾客困扰的事情上提供最大程度的帮助，在顾客家人的身上给予关注，准备个性化礼品等，通过这些方式创造让顾客感到温暖与用心的服务。

总结来说，创造让顾客感到温暖与用心的服务其实就是要多了解顾客，知顾客所知，想顾客所想，关心顾客所关心的，理解顾客所理解的，然后用产品和服务为顾客提供解决方案，在特别的日子里给顾客创造一些惊喜，让顾客不止满意，还会感动。

❻ 沉浸式体验，全方位提升顾客峰值感受

很多调查数据表明"90后""00后"消费群体，更愿意把钱花在体验服务上。也就是说，年轻的新消费人群在消费过程中更加注重体验感，所以体验式消费成了消费转型的大趋势。

体验式消费与传统消费最大的区别在于，其对空间、环境的要求较高，顾客更在乎消费过程中的参与感、体验感。体验式消费常见的载体是购物中心，从视觉、听觉、触觉、味觉、嗅觉等5个方面让顾客在消费过程中感到满足。这种体验感可以给顾客营造峰值感受，进而让顾客在最开始或体验的某个环节时感受到惊喜或愉悦，从而能降低顾客对价格的敏感度。这种积极的情绪不仅可以有效激发顾客的购买意愿，增加

复购率，还能迅速传播店院的口碑。所以，美业店院应给顾客营造沉浸式体验，全方位提升顾客的峰值感受。

美业店院可以从"五感六觉"方面为顾客打造沉浸式体验。

五感

五感是指尊重感、高贵感、安全感、舒适感、愉悦感，如图6-3所示。

图6-3 五感

（1）尊重感

每个人都渴望被人尊重，这是美业店院服务顾客时应遵循的礼仪规则的核心。美业店院的工作人员对顾客的尊重感要体现在全程服务的每一个环节中，即从顾客进店的问候、落座、咨询、护理到最后送出门的一系列行为都要体现尊重，要做到真诚、有耐心、有分寸感。

（2）高贵感

高贵感指高雅、不俗、珍贵、优越的感觉。美业店院可以从行为和物品两个层面为顾客营造高贵感。行为上的具体表现为仪式感较强的迎宾接待、特殊节日准备惊喜等；物品上的具体表现为私人订制物品、有顾客名字的专属物品等。

（3）安全感

安全感是指让顾客感到放心、安心的感觉。美业店院的顾客女性居多，她们对安全感的需求更大。安全感包括很多方面，如安全的护理环境、个人隐私、产品安全系数、卫生安全等。例如，一些美业店院会设独立的单间，让顾客可以安心地享受护理。

（4）舒适感

美业店院在打造沉浸式体验时一定要注重舒适感。这里的舒适感主要包括空间舒适、环境舒适以及护理过程中的舒适。

（5）愉悦感

每个人在被赞美时都会感到愉悦。所以，美业店院的员工要善于与顾客交谈，在交流的过程中发现顾客身上的闪光点，并借此赞美顾客。但是赞美一定不能过度，要掌握分寸，要真诚地赞美顾客，虚假的赞美只会适得其反。

六觉

六觉是指视觉、听觉、触觉、嗅觉、味觉、知觉，如图6-4所示。

图6-4　六觉

（1）视觉

视觉是通过视觉系统的外周感觉器官（眼）接受外界环境中一定波长范围内的电磁波刺激，经中枢有关部分进行编码加工和分析后获得的主观感觉。也就是说，顾客在店院看到的一切都会影响顾客的视觉体验。

为了提升顾客的视觉体验，美业店院应关注店内的场景布置、卫生、企业文化墙、服务人员的职业形象和言行举止、护理房间内的布置、灯光的开放标准等，要确保顾客看到的一切都是干净、整洁、舒适、专业的。如果能设置让顾客惊喜的网红打卡点更好，它不但能提升顾客的视觉体验，还能让顾客主动拍照并在朋友圈进行分享，起到宣传店院的效果。

（2）听觉

听觉是指器官（耳）在声波的作用下产生的对声音特性的感觉。对于顾客来说，安静的环境能让他们更好地享受服务。为了提升顾客的听觉体验，美业店院应注意以下几点。

①装修的时候要做好隔音。
②播放舒缓、浪漫的轻音乐。
③服务人员说话、走路的声音要轻，除了礼貌用语外，还要注意音量，尽量用柔声细语与顾客进行沟通，让顾客听起来感到亲切。
④与顾客沟通时要注意控制时间，让顾客有充分的休息时间。
⑤美容师在为顾客操作项目的过程中，对仪器、产品等物品要轻拿轻放，避免制造噪声。
⑥美容师在进出房间时一定要随手轻轻关门，不能大力关门。

（3）触觉

触觉是指通过皮肤、手等接触客体而产生的融合着理智和情感的感觉和感受。顾客在美业店院接触到的一切东西都会直接影响顾客的感受。例如，美容师给顾客进行面部护理的时候，如果手太凉，可能会让顾客觉得不舒服、不专业。

美容服务是一项动作非常细致的服务，所以美容师一定要注意细节。例如，顾客接触到的东西的温度要适宜，顾客使用的毛巾要柔软。尤其要注意按摩时的力度，按摩力度的大小一定要征询顾客的意见，以顾客能接受并感到舒适为宜。

（4）嗅觉

嗅觉是一种远感，它是一种通过长距离感受化学刺激的感觉。美业店院是公共场所，人员流动多，顾客使用的一切用品必须经常清洗、消毒，做到一客一换，不能有异味。房间也要保持空气流通，可以在房间内放香薰，香味尽量选清香型，不宜过浓。美容师与顾客交流时要戴口罩，并避免在工作期间吃葱、蒜等气味较强的食物，应保持口气清新。

（5）味觉

味觉是一种近感，是指食物在人的口腔内对味觉器官化学感受系统的刺激并产生的一种感觉。虽然美业店院只会给顾客提供一些点心、水果或简餐，但是这些食物也会影响顾客的味觉体验。如果顾客在享受了专业舒适的服务体验后，还能体验味觉上的惊喜感受，那么更容易让顾客对店院产生认同和喜欢，他们也会因此更愿意进店消费。

所以，美业店院在选择点心、水果或简餐时要注重口感和品质。例如，可以选择口感好的或季节性的花茶、养生茶，精致的手工点心，精美的水果或多纤维、少热量的营养简餐等。

（6）知觉

知觉是客观事物直接作用于感官而在头脑中产生的对事物整体的认识。通常，顾客会通过知觉来判断消费值不值得。我们可以通过感官上的刺激让顾客感到满意，这样他们就会认定这家美业店院的服务、环境、氛围等适合自己，便会经常光顾，并成为店院的忠实顾客。我们可以结合知觉的四大特性，即选择性、整体性、理解性及恒常性来让顾客认可店院，然后通过五感六觉的运用来抢占顾客心智，将顾客打造成店院的铁杆粉丝。

"五感六觉"涉及的内容比较多，我们很难一步做到位，因此建议美业店院分批分时间执行，而且执行后还要不断检视和调整，致力为顾客提供真正意义上的沉浸式体验。

❼ 体验性社交拓展美业门店的服务边界

知名心理学家亚伯拉罕·哈罗德·马斯洛(Abraham Harold Maslow)将人类的需求分为5个层次，从低到高依次为生理需求、安全需求、社交需求、尊重需求和自我实现需求，如图6-5所示。

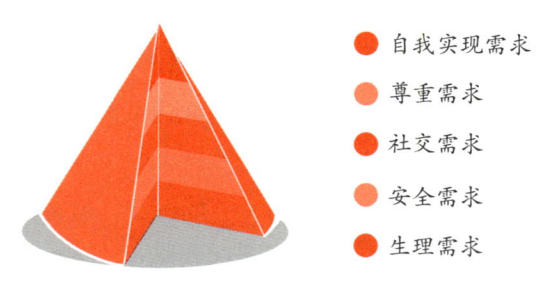

图6-5　马斯洛需求层次理论

从马斯洛需求层次理论可以看出，当人们的生理需求和安全需求得到满足后，就会自发地去追求更高层级的社交需求。随着经济的不断发展，人们的生理需求和安全需求几乎得到了满足，越来越多的商品和服务也变得唾手可得。在这种形式下，新消费空间的社交功能和体验性功能就变得十分重要。

体验性社交是时代发展的趋势

边逛边买边社交的体验性社交购物已经成为新时代年轻人热衷的消费方式。

> 国内某知名服装品牌为了提升门店的社交功能和体验感，在进店的位置放了一个引人注目的电子屏。这个电子屏是一个时尚搭配互动装置，顾客将衣服上的二维码放在装置上进行扫描，就可以看到屏幕上提供的各种时尚搭配。同时，搭配的每件单品的信息也会显示在屏幕上。这种搭配不仅可以满足顾客购买服装时的搭配需求，还能够提升顾客的体验感，让顾客享受购物带来的乐趣并愿意进行二次消费。
>
> 此外，为了避免顾客在店内逛累了没有地方休息的情况，店内还开设了咖啡吧，并在就餐区提供免费书籍。顾客逛累了可以坐下来喝杯咖啡、看看书。这种服务让该品牌旗下的服装店不仅具备了体验感，还具备了人们追求的社交感，因此十分吸引新消费时代的顾客。

常规的服装店就是顾客购买衣服的场所，能够为顾客提供的服务是根据顾客的需求推荐衣服，但案例中的服装品牌打破了固有思维，通过为顾客提供多元化、体验性和社交性较强的服务，成功地拓展了服务的边界。同样，美业店院也不能局限于美业领域的服务项目，可以通过引入一些多元化的服务和产品来增强顾客的体验感。

打造具备体验性社交的护理空间

体验性社交这种服务方式既巧妙地销售产品和服务，又达到了娱乐社交和体验的目的，能够在很大程度上增强顾客对美业店院的黏性。美业店院要想在新消费时代赢得顾客的青睐，就要突破传统的服务思维，为顾客打造具备体验性社交的服务空间。

例如，美业店院可以在店内设立一个电子屏，该电子屏可以实现智能发型测试、妆容测试、皮肤测试等。顾客只需要扫描屏幕上的二维码，按照要求填写相应的信息就可以参与专业测试。测试结束后，由专业的虚拟美容美发顾问在线指导顾客如何购买项目和服务。此外，还可以为顾客匹配与自己需求相似的顾客，让顾客之间能够沟通、交流等。

除了一些自助服务的设施设备，美业店院还可以提供一些多元化的服务，为顾客打造具备体验性的社交空间。例如，在店内准备平板电脑、书籍、点心等，让陪同者在等待顾客的时候不会感到无聊。

时代发展的趋势在哪里，消费者的需求在哪里，美业店院的发展机遇就在哪里。所以在消费者的需求升级为社交需求时，美业店院就要力争为顾客打造属于新消费时代的具有体验性的社交场所。

第 7 章

私域增长：从流量到交易的闭环

美业店院运营自媒体账号的最终目的不仅是获取流量，还要转化流量，实现交易。要想达到这个目的，美业店院就要打造私域流量池，形成从流量到交易的闭环。

❶ 到底什么是私域

在讨论如何打造私域流量，形成从流量到交易的闭环之前，美业顾问首先要对"私域"有清晰的认知，知道私域究竟是什么。私域流量是相对于公域流量而言的，是指属于企业、门店、个人自己的，可以自由、免费使用与触达的流量。例如，公众号、企业微信、微信社群等这些平台的流量。但对私域的认知仅停留在简单的概念层面尚远远不够，美业顾问还应当深入了解私域的优势、本质和价值。

私域的优势

相对于公域流量而言，私域流量具有一些独特的优势，这些优势在私域的定义中已有所体现。

（1）性价比高

从流量获取费用的角度看，私域流量的性价比更高。美业店院将用户沉淀到自己的私域流量池，然后可以通过一系列的个性化运营措施，实现重复、低成本，甚至免费触达用户并实现最终的流量转化。相比而言，公域流量的触达次数较少，店院如果要获取更多的流量就需要花钱购买。所以，相比公域流量而言，私域流量的性价比更高。

（2）流量更可控

私域流量是企业、门店、个人自己的流量，所以相对于公域流量而言更加可控。理论上，公域流量是任何人都可以触达的流量，属于大家共有的公共资源。这一点就说明，店院无法控制自己可以从公域中瓜分多少流量，唯一可控的是可以付费购买的公域流量，但是因价格昂贵，会大大增加店院的运营成本。相反，私域流量池可以随时、自由触达到，可更好地进行后期的跟踪服务与转化。

（3）深入了解和服务用户

美业店院将顾客引入自己的私域流量池后，可以通过微信生态，包括个人微信、企业微信、朋友圈、微信群、公众号、视频号、直播、小程序商城来进行布局和运营私域流量，打造流量闭环。在私域运营的过程中，店院的运营人员可以通过与用户进行互动来加强对用户的了解，从而可以更好地为用户服务，提高用户的忠诚度。

私域的本质

一些美业店院在了解私域的优势后便开始采取措施将顾客引入私域流量池，在私域流量池中进行产品和服务的转化、变现，提升店院的业绩。慢慢地，店院发现这些私域用户的活跃度越来越低，且不断流失。之所以会出现这样的情况，主要是因为美业店院对私域的认知存在误区，错误地将私域的本质认为是一次性收割用户价值的工具。

私域是一个概念、工具、方法，更是一种运营思维。在为店院打造私域流量池之前，我们要先调整运营思维，在此基础上才能正确地分析私域的本质是什么。

私域运营的本质不是一次性收割用户价值的工具，而是不断地与用户建立情感连接的桥梁，以此带来更多的留存、复购和品牌溢价。概括来说，私域流量的本质是长期、精细化地经营用户，挖掘用户长期价值的工具。

私域运营的本质是从销售思维转换为用户思维，即从用户的角度考虑，为用户提供满足其需求的服务，促进流量转化。

因此，私域运营不像传统的营销那样看重销售业绩，私域运营更看重与用户之间的关系，核心是挖掘每个用户的长期价值。

私域的价值

当我们清晰地看到私域的优势和本质后，就能明白美业店院做私域运营的必要性。那么做私域运营究竟能给店院创造哪些价值呢？

（1）"数据资产"

从数据的角度看，私域是美业店院所掌握的顾客的"数据资产"。这里的"数据资产"主要包括用户画像、用户基本信息、标签、人群属性等一些可以利用的数据。这些数据可供美业店院反复使用，例如根据用户画像来分析顾客需求，精准为顾客推荐产品或服务。

（2）终身价值

私域运营利于挖掘用户的终身价值，这是美业店院健康长久运营的有力保障。

国内某知名运动品牌通过搭建微信商城小程序并利用"尖货日历"玩法来运营私域流量。"尖货日历"是指将一些特殊的重要的商品在私域小程序上首发，用户可以在小程序上预约，然后在小程序或门店购买。同时，线下门店的商品发售抽签也在小程序上完成。除了"尖货日历"，该品牌还在小程序上为用户链接了线下门店，用户可以在线添加专属导购的企业微信。这样就将门店和企业微信紧密联系在一起，实现了线下门店的精准引流。截至2022年6月，该品牌微信商城小程序的用户已达2000万人，而这2000万用户还在不断裂变。这些私域用户有着巨大的长期生命价值，这些价值可以帮助该品牌减少压力，提升品牌安全感。

美业店院如果可以做好私域运营，就可以最大化地挖掘用户终身价值，为店院的运营、发展保驾护航。

（3）社交价值

精细化、深度化的私域运营可以让美业店院与顾客建立更亲密的联系，实现口碑传播和裂变营销。例如"分享活动海报即可获得价值298元的××项目""朋友圈评论区积赞××个送面膜""扫码进群参与1元秒杀""转发直播间送一次护理"等，这些都是社交价值。这种营销方式要比美容院投放广告的价值高很多。

（4）服务价值

在私域体系内，美业店院可以将已消费的用户或潜在用户引入私域流量池中，并为其提供项目与服务咨询、经验分享、日常交流、活动福利等内容。这样可以有效提升用户对店院的信任度和认可度，从而提高复购率和传播率，这就是服务价值的体现。

私域流量能为店院提供的价值或许远不止这些，只要美业店院能正确、深入地认识私域，具备私域运营思维并采取相应的精细化措施来深入运营私域，就可以实现私域流量池的增长和转化，最大限度地为店院创造价值。

❷ 企业微信：从公域到私域的第一步

如何迈出从公域到私域的第一步呢？运营私域选对阵地十分关键，从公域到私域的第一步就是选择对的私域运营阵地。

私域运营的方式有很多种，如用户群、粉丝群、个人微信号、企业微信等，经过实践表明，这些私域运营方式里企业微信是优势比较突出的私域运营阵地。所以，对于从公域运营到私域运营的美业店院来说，要迈出的第一步是做好企业微信的运营。

企业微信是腾讯团队为企业打造的专业办公管理工具，也是一个便捷、高效的私域运营工具。企业微信具有与微信一致的沟通体验和连接微信生态的能力，与微信消息、小程序、微信支付等互通，可以帮助企业连接内部、合作伙伴和消费者。

美业店院对私域运营阵地主要有两大需求：一是能直接有效地触达顾客，拉近店院与顾客之间的距离；二是基于与顾客的交流、互动，勾勒出更加清晰、立体的用户画像，精准锁定顾客的需求。在这两点需求的基础上，能够连接微信消息、小程序和微信支付的企业微信就拥有得天独厚的优势。甚至可以说，企业微信是私域生长的沃土。所以，美业店院运营私域可首选企业微信。

除了可以满足美业店院对私域运营阵地的两大需求外，基于微信生态的企业微信还有着诸多不可替代的优势。

品牌信任感

私域运营始终围绕着顾客信任展开，只有顾客信任店院，美业店院才能有效地转化私域流量。企业微信之所以能够有效提升品牌信任感，主要体现在以下两点。

（1）大平台背书

事实表明，顾客更倾向于信任大平台。企业微信拥有腾讯官方背书，仅这一点就可以在很大程度上提升顾客对店院的信任感。

（2）企业认证

仅有大平台背书还不够，顾客仍有可能对一些账号持怀疑态度。而企业账号的企业实名认证可以有效消除顾客的疑虑，进一步提升顾客的信任感。

企业微信具备企业信息展示功能，用户可以从企业微信中获取企业的相关信息，如企业简称、企业全称、主体类型、企业地址、企业信息说明、员工实名信息等。这样不仅可以加强顾客对店院的信任度，减少沟通成本，还有利于店院建立员工的对外形象，提升品牌形象。

高效、精细化运营

企业微信自带的群发、入群欢迎语、快捷回复等功能，可以实现高效的用户运营，让私域流量运营更加轻松简单。

企业微信还具备标签功能，员工可以根据用户的特点为用户打上标签，如用户的年龄、偏好、购物习惯等。这个功能便于美业店院对私域流量进行精细化运营，更容易激活私域流量。

运营风险低

个人账号的私域运营很可能存在以下两个风险。

（1）封号风险

用个人账号来做私域运营，要想获得更多的流量，只能不断增加个人账号，这就不可避免地会增加人工成本。更关键的是，当某一个账号因某些原因被举报而封号时，这些私域流量就会流失，损失无疑是巨大的。

（2）归属权风险

以往的个人账号通常是由员工个人来管理，这样就可能会出现员工离职后账号的归属权问题，而这个问题也可能会导致流量流失。

运用企业微信运营私域就不存在以上两个风险。企业微信相对个人微信的操作权限更多，被封号的风险比较低。而且企业微信的归属权清楚，属企业所有，可以直接进行在线继承、离职继承等操作。

流量多且去中心化

微信生态有超过10亿的用户，企业微信可以无障碍触达。而且企业微信可以添加私人微信，单个员工的通讯录好友可达50000人（支持扩容）。

微信生态的小程序，不但拥有微信超12亿月活用户的庞大流量储备，还具备去中心化的特点。这些去中心化的流量也为店院的私域流量运营提供了有力保障。

完美实现与微信互通

企业微信不仅有类似微信的操作页面，还可以完美实现与微信的互通。员工可以使用企业微信添加用户，实现用户与店院之间的无障碍沟通。

在微信几乎成为大众级社交软件的前提下，店院通过企业微信来运营私域，无疑会大大提升运营效果。

丰富的私域触点

私域流量一直是许多美业店院想布局流量战略的主阵地，但不少店院的私域运营仅仅停留在建立微信群、发微信朋友圈的阶段。实际上微信生态的私域触点还包括公众号、视频号、直播、小程序商城等，通过企业微信和这些私域触点的链接，店院可以更高效地将公域流量沉淀到私域流量池中，不断为私域流量池注入活水，同时私域也可以以不同的运营形式来实现流量转化和变现。例如，美业店院在通过企业微信发布促销活动信息时，可以将小程序商城链接加入其中，将对促销活动感兴趣的用户引入小程序商城进行转化。

正是基于以上这些优势，企业微信号运营私域能够承载比其他形式的私域运营更多的功能和使命。所以，如果店院要想迈出从公域到私域的第一步且想取得一定的效果，那么建议从企业微信开始。

❸
顾客分群：私域顾客的标签管理

精准化营销是私域运营利器。在私域里，我们无须利用大数据寻找潜在用户，我们要做的是做好用户管理，精准输出内容。要想对私域用户进行分群，标签化管理是实现精准营销的有效方法之一。

对私域顾客标签进行管理，其实就是对私域用户的行为进行分析，根据用户的不同性质将他们分为不同的群体，然后对不同的群体输出满足他们需求的内容。概括来说，就是将相同性质的顾客归为一组，并打上标签。

顾客分群的维度有很多种，常见的顾客分群维度有以下几种，如图7-1所示。

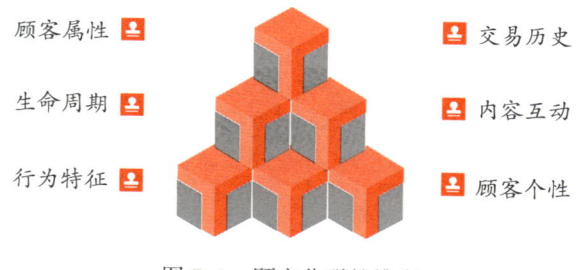

图7-1 顾客分群的维度

顾客属性

顾客属性是指顾客的基本特征，这也是比较普遍的一种顾客分群方法。顾客属性包括的内容主要有性别、年龄、职业、教育背景、地区区域、支付能力等，我们可以按照这些属性对顾客进行分群。

对于美业店院的产品与服务营销来说，基于顾客属性分群能够起到很好的效果。例如，美业店院的产品定位是 20—25 岁左右的年轻女性，那么通过分群可以精准地锁定顾客群，实现精准营销。

交易历史

通常，美业店院会记录每一位顾客的交易信息并保存完整，我们可以对这些信息进行汇总、分析，并依据此对顾客进行分群。顾客购买历史包括的信息主要有购买频率、购买周期、平均订单金额、产品偏好、线下与线上偏好、交易渠道等。

根据顾客的交易历史对顾客进行分群，能够深入了解顾客的历史贡献、购买行为和渠道，有助于为顾客策划个性化的产品与服务。例如，对于周期性购买行为的顾客，美业顾问可以主动邀请他们加入忠诚会员计划，为其提供普通顾客不能享受的个性化产品和服务，增加高贡献顾客群的体验和价值感知。

生命周期

顾客生命周期是指一个顾客对企业而言，有类似生命一样的诞生、成长、成熟、衰老、死亡的过程。在美业，所谓的顾客生命周期是指顾客从成为店院的顾客开始，到业务消费、消费成长、消费稳定、消费下降，再到最后流失的过程。

美业店院可以根据顾客处于生命周期的不同阶段和状态，将顾客分类为潜在顾客、新顾客、老顾客、大顾客、将要流失顾客、已流失顾客等几类。然后根据顾客生命周期不同阶段的需求来调整门店的营销策略，为顾客提供个性化的产品和服务，从而延长顾客生命周期的价值和持续付费能力。

内容互动

内容是互联网环境下的产物，所有被分享到互联网上可以被查看、读取的信息统称为内容，包括新闻、信息、资料、图片、音频、视频等。不同的内容可以创造不同的价值，从而可以吸引不同的用户。根据内容互动对顾客分群就是按照顾客对内容的偏好来进行分群，通常可以分为内容类型偏好、内容标题偏好、内容风格偏好、内容频率偏好、内容分享偏好等几类。

分析顾客对不同内容的偏好，可以便于店院有针对性发布营销内容和营销策略，从而实现更高的内容响应率和营销转化率。

行为特征

行为特征是指个人或群体在生活中所表现出来的基本特征。基于行为特征分群是指根据顾客的消费行为进行分群，通常可以分为购买商品组合、渠道选择偏好、品牌偏好、促销活动偏好等。

在数字化营销环境下，这种分群方式很容易实现且效果较好，有助于美业店院进一步优化营销策略，提高流量转化率。

顾客个性

根据顾客个性对顾客进行分群是指通过对顾客消费的产品和服务的相关性分析，洞察目标顾客的个性特征，然后根据这些个性特征对顾客进行分群。通常可以将顾客分为冲动型顾客、节俭型顾客、砍价型顾客及高互动不经常购买的顾客等几类。

根据顾客个性分群有助于准确定位潜在的目标顾客，从而策划高转化率的顾客营销活动。

用户分群的最终目的都是降本增效、提升运营触达的精准度，将新用户沉淀至私域中，使其成为会员，与店院建立长期关系。互联网时代，流量越来越贵，店院的获客、流量转化也越来越难。在这种形势下，构建并做好自己的私域流量池，把用户沉淀下来，精细化运营，促进流量不断转化、裂变，才是店院要认真、努力做好的事。

❹ 聚类模型：找出私域中的高价值顾客

并不是所有用户都是真正意义上的私域用户。以个人微信为例，门店的客服微信里可能有很多用户，但并不代表他们都是门店的私域用户。所以，店院在运营私域流量过程中，要想实现利益最大化，就要找出私域中的高价值顾客。

如何针对不同价值贡献的顾客进行分群，从而找出私域中的高价值顾客呢？

用于识别顾客价值且应用比较广泛的聚类模型是 RFM 模型。RFM 模型是衡量顾客价值和顾客创造利益能力的重要工具和手段。我们可以利用该模型来衡量并找出私域中的高价值顾客。

RFM 模型是通过一个顾客的近期购买行为、消费频率以及消费金额这 3 项指标来描述顾客的价值情况。

第一个指标：近期购买行为（Recency）

近期购买行为是指上一次进店消费时候的行为，如顾客上次进店的时间、购买了什么东西。例如，顾客上一次进店是一个星期前，购买的项目是基础补水项目。

近期购买行为会影响顾客对店院的记忆强度、接触机会和回购周期，这些数据信息可以帮助店院针对该顾客设计个性化的接触策略、接触频次和刺激力度。

第二个指标：消费频率（Frequency）

消费频率是指顾客在特定时间内所消费的次数。一般消费频率越高的顾客，其忠诚度也越高，因为顾客会通过复购对品牌产生深层的信任感。

根据消费频率这个指标，我们还可以对顾客做进一步细分，通常可以分为以下 5 个层次，如图 7-2 所示。

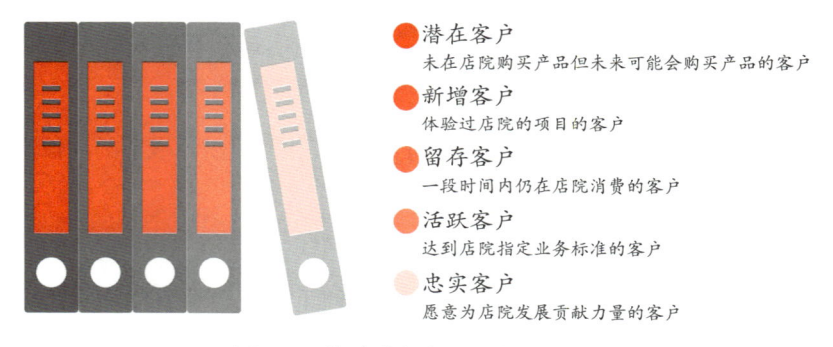

● 潜在客户
  未在店院购买产品但未来可能会购买产品的客户
● 新增客户
  体验过店院的项目的客户
● 留存客户
  一段时间内仍在店院消费的客户
● 活跃客户
  达到店院指定业务标准的客户
● 忠实客户
  愿意为店院发展贡献力量的客户

图 7-2　按消费频次对顾客进行分类

我们也可以将图 7-2 称为"忠诚度阶梯"，顾客的忠诚度越高，其为店院贡献的价值就越高。所以店院的目标是找到那些消费频次高的顾客并不断挖掘其价值。

第三个指标：消费金额（Monetary）

消费金额是指一定时间内累计的消费金额，例如一个月内的消费金额，一年内的消费金额。能够直观体现顾客价值高低的指标就是顾客一段时间内的消费金额。通常，消费金额越高，顾客的价值也就越高。

以上是 RFM 模型的 3 个指标，我们可以从单个指标来判断顾客价值，近期购买行为越近、消费频次越高、消费金额越高，则顾客的价值越高。也可以综合 3 个指标来评价顾客的总体价值。我们可以根据单个类别顾客的分值和总均值的关系来绘制 RFM 模型，将顾客划分为以下 8 类，如图 7-3 所示。

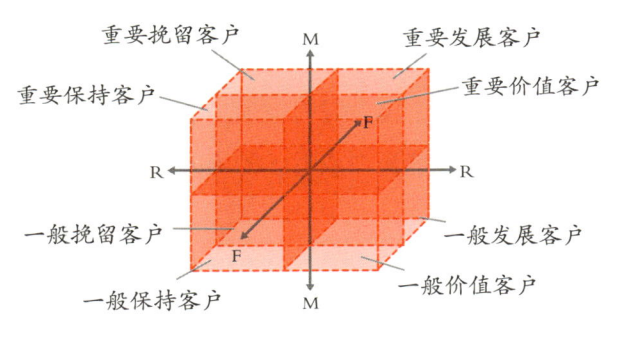

图 7-3 RFM 模型

这种聚类方法其实就是通过"物以类聚"的思想将每个用户的 RFM 模型的 3 个维度的数据特征进行聚类，划分用户群，然后将相似的归到一起。通过图 7-3 的 RMF 模型，我们可以很直观地找出私域中的高价值顾客。

通常，我们需要重点关注 RFM 模型中的以下几类高价值顾客。

（1）重要价值顾客

这类顾客的特征是最近消费时间较近、消费频次和消费消费金额都很高。这类顾客是 VIP 顾客，应重点管理。

（2）重要保持顾客

这类顾客的特征是最近消费时间较远，但消费频次和消费金额很高。说明这类顾客是最近这段时间没有进店消费的忠诚顾客，店院需要做的是与顾客保持联，做好客情维护。

（3）重要发展顾客

这类顾客的特征是最近消费时间较近，消费金额高，但是消费频次不高。说明这类顾客的忠诚度不高，但很有潜力。对于这类顾客，店院应重点发展，以提升顾客的满意度和忠诚度。

（4）重要挽留顾客

这类顾客的特征是最近消费时间较远、消费频次不高，但消费金额很高。说明这类顾客是可能流失或者已经流失的能创造价值的顾客，店院要采取措施挽留。

以上 4 种是能够为店院提供高价值的顾客，店院应重点关注并做好相应的管理工作。但并不是说其他顾客可以放任不管。私域中的每一个流量都是店院的资产，店院可以利用 RFM 模型对不同价值的顾客进行分类，然后提供有针对性的管理措施，从而最大程度地挖掘每一位顾客身上的价值，最大程度上转化私域流量。

❺ 预测分析：私域转化的数据指导策略

预测分析是指通过对顾客过去的消费行为研究来预测分析他们未来的行为倾向性表现。将这种方法用于店院的私域运营中，可以帮助店院预测顾客未来的行为倾向，从而可以设计有针对性的营销策略，有效指导店院更高效地转化私域流量。例如，顾客下一个想购买的产品是什么，顾客希望看到哪些内容。

RFM 模型也可以用于预测用户行为，指导私域流量转化。RFM 模型包括近期消费行为、消费频率和消费金额 3 个指标，比较动态地显示了一个顾客的轮廓，这样便于店院对顾客提供个性化的沟通与服务，提升流量转化率。例如，消费时间较远、消费频次不高但消费金额很高的顾客未来很可能会流失，对于这类顾客店院应采取措施来激发顾客的消费行为，提升顾客的消费频次。

除了 RFM 模型外，常用的预测分析方法还有营销响应预测模型和产品组合预测模型。

营销响应预测模型

营销响应预测模型是针对店院的营销活动展开的，通常用于营销活动开始前。通过营销响应预测模型可以分析和预测不同互动方式的营销响应情况，包括可能响应营销活动的顾客的特征，以及整体响应的顾客比例、数量和可能带来的销售额等。店院可以基于这些信息，制订针对性的营销策略。

例如，店院可以预测收到短信和邮件两种营销方式下的营销响应情况，如果预测结果是邮件响应的顾客比例比较多，那么可以选择用邮件来发布营销信息。

产品组合预测模型

产品组合预测模型是指基于店院产品的特性向潜在目标顾客提供组合式的产品选购建议，也就是我们之前提到的品项组合。一些电子商务网站会在产品页面上应用产品组合预测模型向浏览用户推荐相关的产品，在这方面做得比较好的是亚马逊公司的产品组合预测模型。亚马逊公司能够根据用户的购买历史和行为偏好在同一个产品页面上，为用户提供更加精准、个性化的产品组合建议，从而在提高用户体验的同时提升产品的转化率。美业店院也可以借鉴这种方式，运用产品组合模型来预测顾客需求的产品组合，从而提升产品转化率。

大数据时代，可以用于私域转化的数据指导策略或许不止这里介绍的几种，美业店院应积极探索，寻找一切可以促进私域流量转化的数据指导策略。数据化指导策略的本质是为私域流量提供有针对性的产品和服务，实现精细化运营，这才是促进私域转化的根本动力。

❻ 私域转化：价值为要，成交为次

店院要做好私域转化，前提是要清楚私域转化的核心是什么。否则积攒再多的私域流量，也无法成功转化和变现。

价值为要，成交为次

在介绍"到底什么是私域"的时候我们提到，私域的本质不是为了一次性收割用户价值，而是为了不断挖掘用户价值。所以，对于私域流量而言，真正意义上的高转化不是成交，而是深挖客户价值。私域转化的核心是"价值为主，成交为次"。

如何挖掘私域用户的价值

如何才能深挖私域用户的价值呢？

挖掘私域用户价值的前提是精细化运营私域用户。这就需要店院对私域用户进行深入了解，绘制私域用户画像，根据用户的需求展开精细化运营。

> 某家皮肤管理公司推出了一款高端的补水保持面膜，价格为50元一片。这家皮肤管理公司将产品信息发布到自己的私域社群中，但回应的人非常少。于是他们改变了策略，从私域用户中找出一些对生活品质、审美和产品要求较高的顾客，向他们推荐了这款高端面膜。这个信息得到了积极的反馈，这些高端顾客的购买意向大大提升。

该皮肤管理公司最初将产品信息推送给私域流量池中的所有用户，并没有得到很好的回应，这主要是因为有些顾客并不需要高端面膜。而当该公司只把面膜推荐给高端顾客时，就收获了不错的效果。可见，如果我们把成交放在第一位，就会很容易忽视为私域用户提供价值这一点，这样就很难挖掘私域用户价值。反之，如果从私域用户的角度出发，为用户提供满足其价值需求的产品，开展精细化运营，就能够有效挖掘私域用户的价值。

精细化运营不是一种简单的运营策略，而是一种运营思维，是始终强调用户价值的运营思维。只有为顾客提供价值，顾客才愿意购买产品，最终才可能达成成交，这样才能实现店院与顾客之间的双赢。

❼ 社群裂变：针对不同层次需求设计裂变策略

裂变是私域运营中最常见的运营策略，是指通过给予一定的用户福利或者产品让利的方式，激发用户自主传播及分享的过程。社群裂变是私域运营中比较经典的一种裂变运营手段。

谈到社群裂变，不少美业顾问认为社群裂变是一件简单的事情，在社群里发一些福利，鼓励大家转发就可以裂变出更多的流量。这的确是社群裂变的一种方法，但是这种方法并不能最大化地裂变流量。因为虽然社群里的用户整体上的需求是类似的，但是由于收入、工作性质、受教育水平等的不同，每个人的需求也会存在一定的差异。所以，要想最大限度地裂变社群流量，就需要针对用户的不同层次的需求来设计裂变策略。

从社群裂变的角度出发，结合马斯洛需求层次理论，可将社群的需求分为利益需求和社交需求，社群裂变应尽可能地满足用户这两个层次的需求。

利益需求

利益需求是指通过裂变策略让用户获得利益，从而激发用户采取行动裂变出更多的用户。常见的裂变策略有以下几种。

（1）红包、奖品裂变

红包裂变是指利用红包来吸引用户产生裂变。例如，"邀请3名好友加入社群，可以获得20元购物红包（奖品）"。

我们也可以适当调整奖励方式，增加老用户的分享意愿。例如"邀请第一个人可以获得20元奖励，第二个人可以获得25元奖励，第三个人可以获得30元奖励"这种阶梯式的奖励的激励力度更大。

（2）转发抽奖

转发抽奖也是效果比较好的一种裂变策略，既可以满足用户对利益的需求，还可以满足用户的好奇心。例如，"今天20:00准时开播，请大家奔走相告。'关注+转发这条微博'，抽100人每人200元现金红包"。

社交需求

社交需求是指通过满足用户的社交需求来实现裂变，常见的裂变策略有以下几种。

（1）优惠券裂变

在用户完成了一笔订单后，引导其分享连接，所有点击的人都可以获得随机金额的优惠券。

（2）砍价裂变

用户可以邀请好友帮忙砍价，邀请的好友越多，价格越便宜。

（3）拼团

拼团是指邀请好友来参加团队，可以获得优惠价格。例如，某个产品的原价是1000元，邀请好友参团，5人拼团，团购价700元。这个时候团长就要去邀请好友参团，这样就可以给店院带来4个新的流量。

私域用户的需求是多种多样的，裂变策略也是多种多样的。店院在设计裂变策略之前应对私域用户进行充分了解，设计出有针对性的裂变策略，实现最大程度的裂变流量。

❽ 流量闭环：公域＋商域＋私域

流量闭环是一套完整的商业模式，包括获取流量、运营流量和流量转化3个阶段，如图7-4所示。

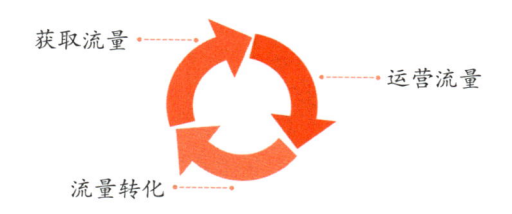

图7-4 流量闭环

公域 + 商域：获取流量

打造流量闭环的第一步是获取流量。店院可以从公域和商域中获取流量，并将获取的流量沉淀到自己的私域流量池。

（1）公域：输出优质内容获取流量

公域流量是平台提供的流量，要想从平台获取流量就要了解平台的推荐机制。通常，各大平台都会大力扶持优质内容，所以店院应根据平台规范、要求等创造更多的优质内容，最大限度地从平台获取公域流量。

（2）商域：购买精准流量

商域是指平台从公域流量中划分出来的，以付费为主要分配标准的流量。本质上商域还是属于公域，例如，抖音的开屏广告。如果平台给予的流量不够理想，或者店院想获得更多、更精准的流量，那么可以通过付费的形式来获取流量。

无论是从公域或商域获取的流量，我们都可以采取一定的策略将这些流量沉淀到自己的私域流量池，为自己所用。例如，在平台简介处留下店院的联系方式，或者在平台建立粉丝群。但要注意的是，不同平台之间的规范不同，有些平台严厉打击站外引流，所以店院在沉淀私域流量时应遵守平台规范，做到合理、规范地沉淀私域流量。

私域：运营流量

如果对沉淀至私域的流量不进行有效运营，那么这些流量的价值就无法发挥。所以，店院还应采取一定的措施来运营私域流量，不断挖掘用户价值。

（1）内容操作

官方账号的内容操作是指要定期更新官方账号的内容，包括视频内容、文字内容等，并且要积极与用户互动、回答用户的问题。

（2）活动操作

为了激活私域流量，促进流量转化，店院还应不定期举行各种活动，如直播活动、促销活动、新产品活动、线下活动等。

（3）数据操作

数据操作是指应用大数据技术对用户进行管理，如用户分层、分类，便于对私域用户进行精细化管理，提升私域转化率。

流量运营的核心是加强与私域用户的互动，了解私域用户的需求，然后尽力满足用户的需求。只有私域用户的需求不断被满足，他们对店院的信任感才能不断提升。在这种情感基础上，店院更容易实现产品、服务的销售和成交工作，也就是我们所说的流量转化。

流量转化

私域流量转化分为直接转化和间接转化两种。直接转化是指直接向私域用户推送产品信息、促销活动等促进成交，实现流量转化。间接转化是指在私域流量池预热直播信息，将私域流量引流到直播间，通过直播带货等方式来实现流量转化。

流量转化的方式并不局限，但前提是认真运营私域流量。只有认真运营私域流量，才能调动私域流量，才能更加轻松地实现流量转化。

在流量越来越贵，越来越难获取的时代，店院不仅要重视流量获取问题，还要重视流量运营和流量转化问题，旨在实现每一个流量的价值最大化，从而实现店院赢利的最大化。